EERVOLLE
MANNEN

DRUMMOND
ROBINSON

Eervolle mannen

Drummond
Robinson

Titel: Eervolle Mannen
Oorspronkelijke titel: Men of Honor
Copyright: © 2008 by Drummond Robinson
De Bijbelteksten in deze uitgave zijn, tenzij anders vermeld, ontleend aan Het Boek-vertaling
Uitgever: Family Transformation Publishers
Vertaling: Harry Schuurman
ISBN: 978-0-9947086-3-2
NUR: 707
Email: info@familytransformation.org

Opgedragen aan:

Mijn eigen vader Robbie Robinson, een man die eer, waarheid en integriteit hoog in het vaandel had staan. Hij diende zijn familie en gemeenschap met toewijding en trouw, alle dagen van zijn leven.

Mijn broer Ron, die zijn hele leven van het doel van God voor ogen hield en Hem diende. Hij was een echte man van eer.

Mijn vrouw Lindah, voor alle 'bergen' waarmee je mij mee geholpen hebt om te overwinnen. Je bent mijn parel en grote schat.

Mijn zoons, Brett en Greg, en mijn (schoon-) dochters 'in genade', Janine en Penny en mijn dochter Julie, jullie hebben al onze hoop en dromen uit doen komen en jullie toewijding aan eer is een ware vreugde voor ons.

Mijn kleinkinderen, Tianna, Angelee, Caylah, Nathan, Matthew, Benjamin, Gabriel, Daniël en Beccah, jullie zijn voor ons een grote eervolle beloning.

Voor elke eervolle man die ons is voorgegaan en deze wereld een betere plek gemaakt heeft om in te leven. Nederig volgen wij in jullie voetstappen.

Drummond Robinson.

Speciale dank

Voor ons team bij Family Transformation Ministries, Neil, Louise, Elolaine, Jai, Roberta, Themba en Thea. Ik eer jullie voor jullie passie en toewijding voor onze bediening. Speciale dank voor Roberta, voor je toewijding in het uittypen van dit boek en voor Jai voor de definitieve lay-out, samenstelling en je ondersteuning als editor.

Voor onze Harvest Christian Church Family, voor pastoor John Scoltz en het leiderschapsteam, voor jullie ondersteuning bij het uitvoeren van onze roeping die God heeft gegeven aan onze levens.

Voor de speciale mannen en vrouwen die trouwe vrienden zijn geweest voor mij en Lindah de afgelopen jaren. Dank voor jullie liefde, zorg en hulp. Jullie hebben geholpen dit boek mogelijk te maken.

Eerbetoon aan onze vader...

Volgens het woordenboek is eer; eerlijkheid, redelijkheid of integriteit. Ik kan getuigen dat deze kwaliteiten de drijfveer van mijn vaders leven waren zolang ik mij kan herinneren. Mijn vader demonstreerde consequent gedurende mijn jeugd het principe van eer in elk aspect van zijn leven, en het was misschien de belangrijkste les die ik van hem geleerd heb. Nu ik zelf vader ben van vier kinderen, denk ik vaak terug aan hoe mijn vader in zoveel verschillende situaties omging met eerlijkheid, redelijkheid en integriteit. Mijn wens is om dit van onschatbare waarde principe van eer door te geven aan mijn eigen kinderen.

Greg Robinson

Eer verdien je niet op school, maar door de keuzes die we in het leven maken, hoe we leven in onze privé sfeer, hoe we anderen behandelen en onze eigen familieleden in het bijzonder. Om deze reden waardeer ik mijn vader, als man die de boodschap in dit boek als basis gemaakt heeft in onze familie. Dat onze hele familie God volledig liefheeft en dient is een getuigenis van zijn leiderschap als echtgenoot en vader. De wereld en de mannen in het bijzonder, moeten deze boodschap horen, zodat we onze eer terug kunnen vorderen, onze families kunnen herbouwen en onze naties kunnen herbouwen.

Brett Robinson

Inhoud

Introductie

Er zijn veel boeken geschreven die inspirerende verhalen vertellen van mannen en vrouwen de 'helden' werden door de ongelofelijke dingen die ze deden. Verhalen van mannen die ondanks schijnbaar onoverkomelijke hindernissen de hoogste bergen hebben beklommen, mannen die dapper gestreden hebben in oorlogen, hun eigen leven opofferend voor hun land. Politieagenten, brandweerlieden, en ziekenbroeders die zo vaak hun leven riskeren, en geven, om andere mensen die in levensbedreigende situaties zitten te helpen. De mensen die hun leven gaven gedurende de aanvallen op de Twin Towers op 11 september liggen nog vers in ons geheugen. Zij zijn de helden die de loop van de geschiedenis bepaald hebben en ons tot nieuwe hoogtes inspireren. We zijn deze mensen ontzettend veel dankbaarheid verschuldigd.

In dit boek wil ik echter de focus leggen op een uniek element van de mens waardoor het leven van de mensen om hem heen veranderd en zelfs de loop van de geschiedenis beïnvloed. Het is iets dat niet alleen weg is gelegd voor een paar machtige mannen, hoewel het wel moed, doorzettingsvermogen, trouw en een bereidheid tot dienen en zelfs het opgeven van levens voor anderen vraagt, dagelijks.

Ik heb het dan over de levensveranderende opdracht van God om in "Eer" te leven; leven volgens de Erecode als een allesomvattende waarde en het toe te passen in elke relatie. Eer welke respect en waardigheid geeft aan hen met wie we dagelijks omgaan. Mannen, die hun vrouw en kinderen in het bijzonder met respect en eer behandelen, zodat ze het beste uit zichzelf kunnen halen. Het gebeurt het meest buiten het zicht van de mensen, stil en onopvallend dienend door hun houding, woorden, acties, zakelijke overeenkomsten en vele andere aspecten van het leven.

Eer is beschikbaar voor elke man, elke dag. Het haalt misschien niet de krant, maar het kan de loop van de geschiedenis veranderen voor individuen, families, gemeenschappen en landen. Ook zij zijn in feite ´helden´, en geven een positieve toevoeging aan ons leven.

Zij hebben eer gevonden, niet alleen in wat ze bereikt hebben, rijkdom, daden van heldhaftige aard, maar in het feit dat ze op een ereplaats zijn gekomen in hun relatie en overgave naar God door Jezus Christus. Wat is deze eer en hoe kunnen we hiernaar leven?

Ik dring er bij je op aan om het boek te lezen en de opdrachten aan het eind van elk hoofdstuk te maken. Eerst alleen, daarna met anderen om te vergelijken. Ik moedig je aan om weer in de 'loopgraaf' te duiken en opnieuw dit vitale element te ontdekken dat je leven kan veranderen en de levens van diegene waarbij je in de mogelijkheid bent om elke dag je invloed op uit te oefenen.

DRUMMOND ROBINSON

Hoofdstuk 1

Hijsen van de vlag

Het is soms niet te geloven hoe de dagen voorbij gaan met al de routines en verantwoordelijkheden die we in het leven hebben. Dan opeens, zomaar op een dag, gebeurd er iets waardoor je voor altijd veranderd, een "dag van het noodlot". Dit boek vind zijn oorsprong in zo'n dag.

Ik kreeg een telefoontje van een man die vroeg of hij me kon ontmoeten in verband met een probleem binnen zijn huwelijk. Hij woonde in een stad een paar uur rijden van ons vandaan dus spraken we af om elkaar de volgende week te ontmoeten. Toen hij op kantoor kwam begon hij, in een volgens mij Schots accent, te vertellen over de problemen die hij in zijn toch al gespannen huwelijk had. Er was een andere vrouw in zijn leven gekomen en hij was nogal overweldigd door zijn gevoelens van liefde voor haar. Er was nog niets tussen hen gebeurd, maar zijn gedachten waren constant op haar gefocust en hij wist zeker dat zij dat ook bij hem had. Hij was weer enthousiast over het leven, was weer begonnen met poëzie schrijven, een passie die in de voorafgaande jaren afgestorven was. Het zou natuurlijk niet van hem verwacht worden dat hij doorging met zijn huidige, saaie huwelijk als deze nieuwe relatie zo'n geweldige belofte en verwachting schept voor een nieuw leven.

Tot dan toe wist ik niet wat hij voor werk deed. Stel je voor hoe gechoqueerd ik was toen ik ontdekte, nadat ik wat persoonlijke informatie vroeg, dat hij pastoor van een kerk was en de andere vrouw een belangrijke leidster in zijn gemeente! Het beeld wat in mijn hoofd kwam was dat van een bommenwerper tijdens de oorlog, op missie naar een stad, daar de bommen los te laten en zo de hele stad te vernietigen. Nu lag er een bom klaar om dit huwelijk, familie en stad te vernietigen wat honderden levens zou kunnen kosten!

Ik was nog over dit beeld aan het nadenken toen ik hem de woorden hoorde zeggen die je steeds opnieuw hoort van mannen die een uitweg uit de situatie zoeken, " Het voelt zo goed, het voelt alsof ik weer opnieuw verliefd ben, God zal toch niet van mij verwachten dat ik doorga met mijn huidige huwelijk?" Ik vroeg hem of hij me wat over zijn vrouw wilde vertellen, waar hij opgegroeid was, zijn familie, dat soort dingen. Hij vertelde me over zijn jonge jaren dat hij als jochie opgroeide in Schotland en op 18-jarige leeftijd opgeroepen werd om te dienen in een Schots regiment. Blijkbaar was het een oude Schotse traditie dat je bij een regiment ging dienen die je clan representeerde. Nadat hij verschillende details over de training en prestige van hun clan had gedeeld, vertelde hij me een verhaal dat mijn leven zou veranderen.

Strategische Berg

Tijdens de Tweede Wereldoorlog vocht zijn regiment samen met de Geallieerde Troepen in Europa en lagen ze onder zwaar kanonvuur van de Duitsers die op de top van een strategische heuvel zaten. Hun commandant had de orders gekregen om de heuvel in te nemen en de vijandelijke versterking te vernietigen. Hun kapitein verzamelde de mannen en vertelde ze dat het regiment deze opdracht had gekregen en dat ze de volgende morgen de heuvel op zouden gaan, het machinegeweernest zouden veroveren en de vlag van het regiment bovenop de top zouden plaatsen. Deze opdracht was een echte uitdaging maar ook een grote eer voor het regiment. Toen vertelde hij ze om naar de mannen links en rechts van ze te kijken. "Minimaal één, en misschien twee van jullie komen niet van de strijd terug," zei hij. Voor de eer van het regiment en hun clan, moesten ze bereid zijn hun leven op te geven zodat hun collega zou kunnen overleven.

De volgende dag gingen ze de berg op! De voorste soldaat ving de kogels op, zodat de man achter hem een paar meter verder kon komen; die dan vervolgens de kogels opving zodat de man achter *hem* dichter bij de top zou komen. De mannen veroverden de heuvel die dag, versloegen de vijand en hesen de vlag van hun regiment in top. Ik was overstelpt door dat verhaal. "Waarom zou iemand *vrijwillig* zijn leven geven voor de man achter hem?" vroeg ik. Zijn antwoord was levensveranderend. "Voor de eer van het regiment en de eer van de clan!" Ze dachten niet eens aan hun eigen leven; ze hadden een alomvattend doel waarvoor ze bereid waren hun leven te geven.

Dag van schaamte

Enkele jaren na de oorlog echter, namen militaire commandanten de beslissing om vanwege de kosten en andere logistieke redenen het regiment op te heffen. Op een dag verzamelde het gehele regiment zich tijdens een parade en daar streken ze voor het laatst hun vlag, terwijl de doedelzakken speelden. De vlag, het doel, de eer van de mannen in het regiment stierven spreekwoordelijk op die dag. Ik keek in zijn ogen en zag dat de pijn er nog steeds was. Hij droeg ook veel afwijzing en veroordeling mee in zijn hart als gevolg van het, zoals hij het voelde, het verlies van waardigheid en eer. Deze emotionele verdoofdheid en schaamte had hij overgenomen in zijn huwelijk, zonder dat hij er erg in had, en zijn huwelijk was langzaam in een staat van levensloosheid gegleden, hoewel ze meer dan 30 jaar getrouwd waren. En daar stond hij nu, opnieuw stond hij voor een grote strijd! Zijn vrouw en familie verlaten en toegeven aan het verlangen en de verleiding van deze nieuwe relatie, of in een zoals hij voelde, levenloos huwelijk blijven. We komen later op dit verhaal terug.

Mannen die vrijwillig hun leven gaven voor de eer van hun familie (clan) en regiment? Hier dacht ik de daaropvolgende dagen heel veel over na.

In wat voor wereld zouden we nu leven als mannen de waarde van eer nog steeds zo hoog zouden waarderen? *Het niveau van integriteit, verantwoordelijkheid en eer van mannen, staat in directe verhouding in de wereld waarin we vandaag de dag leven.* Onze wereld glijd af door het gebrek aan goddelijk leiderschap die mannen tentoon zouden moeten stellen. Er zijn heden ten dagen maar weinig mannen die ook maar iets op willen geven, laat staan hun leven, om hen die bij hen na staan te eren.

Beschaamd vertrouwen

Als de president van een land seks heeft in de ruimtes van zijn kantoor en hij niet begrijpt dat het zijn benoeming en publieke vertrouwen aantast, dan denk ik dat we een probleem hebben. Het ambt van president en politieke leiders werd altijd gerespecteerd en de mensen van een natie waren er van afhankelijk. Tegenwoordig zien we echter dat politici bereid zijn de mensen te laten lijden onder geweld, armoede, uithongering en mishandeling in de jacht naar politieke macht. Over de hele wereld zien we mensen lijden en zelfs sterven door het egoïstische optreden van politieke leiders. We worden ook blootgesteld aan corruptie door persoonlijke hebberigheid en oplichting van zakelijke leiders, als zij het zakelijke vertrouwen dat ze gekregen hebben schenden.

Ingestorte families

In veel landen is het scheidingspercentage van eerste huwelijken meer dan 50% en zelfs hoger voor tweede en derde huwelijken. Statistieken onthullen dat de gemiddelde man in Amerika 14 seksuele partners heeft in zijn leven. Het lijkt erop dat trouw in een huwelijk geen waarde meer heeft. Maar 34% van alle kinderen die in Amerika geboren worden, leven met beide biologische ouders tot hun 18[de] levensjaar.[1] In feite, van ongeveer honderd miljoen geregistreerde huishoudens, heeft maar 22% nog steeds de originele samenstelling van vader, moeder en kind in hetzelfde huis. Dit betekend dat ongeveer 80% van alle families een crisis hebben meegemaakt en uit elkaar zijn gevallen. Voor het eerst in de geschiedenis van onze beschaving, kunnen we van minder dan 25% van de families zeggen dat ze stabiel en gezond zijn. In Engeland kosten scheidingen de belastingbetaler £ 5 biljoen per jaar en huiselijk geweld ook nog eens £ 2,5 biljoen. Deze door God gewijde institutie, al 5.000 jaar de fundering van onze maatschappij, valt voor onze ogen uit elkaar. Het is een crisis die letterlijk de stabiliteit en toekomstige gezondheid van onze levens en de volgende generaties bedreigt. Als een familie uit elkaar valt wordt historisch gezien alles negatief beïnvloed, van de effectiviteit van een regering, tot het algemene welzijn van de mensen.[1]

Als mannen echter hun vrouwen en kinderen in ere zouden houden, kunnen we een daling van het scheidingspercentage zien van meer dan 50% naar minder dan 5%. En de productiviteit op de werkvloer zou potentieel meer dan verdubbelen! Stel je eens voor hoe dat de economie en onze levensstandaard zou beïnvloeden. We kunnen armoede dan zo goed als volledig afschrijven, corruptie verbannen en heel veel wantrouwen en stress uit ons leven weghalen.

Bedenk eens het volgende:

- Een recent onderzoek door de Barna-groep onthulde dat Amerikanen vonden dat de volgende zaken moreel acceptabel waren. Dit waren onder anderen gokken (61%), samenwonen (60%), seks met iemand anders dan je echtgeno(o)t(e) (42%), pornografie (38%).

- De in snel tempo groeiende criminaliteit in onze samenleving. Erger is nog dat er meer mishandelingen plaatsvinden thuis dan op straat! "Thuis" is dus niet langer de "veilige plek".

- Het toenemende aantal seksueel overdraagbare ziekten.

- Het afnemen van discipline en morele waardes in onze scholen.

- 94% van alle gedetineerden in 1998 in Amerika waren mannen, en 98% van de mensen in de 'dodencel' waren mannen. Gevangenissen zijn primaire bemand door mannen die door hun vader verlaten of afgewezen zijn. Van alle mannen die gevangen zitten hebben de meesten helemaal geen relatie met hun vader [1].

- Uitslagen van een recente studie van het Zuid-Afrikaanse departement van Huiselijke Zaken laat zien dat 67% van de dertien- tot zeventienjarige kinderen toegeven dat ze naar pornofilms kijken, en 45% van hen zegt dat regelmatig te doen.

Tsunami

Onlangs zijn we geschokt door het zien wat voor desastreuze impact een Tsunami op een natie kan hebben. Terwijl ik naar de getraumatiseerde mensen op tv keek, hoorde ik steeds opnieuw de woorden, "Waarom zijn we niet gewaarschuwd?" Het uit elkaar vallen van onze gezinnen en de impact die dat heeft op onze levens en de levens van onze kinderen en de toekomstige beschaving, zijn potentieel catastrofaal. De studie van de Barna-groep heeft aangetoond dat het accepteren van immoreel gedrag bij jongeren 50% hoger ligt dan bij oudere generaties. En het percentage groeit. Laat ons gewaarschuwd zijn. We moeten iets doen, nu.

De wereld is een egoïstische plek geworden, waar mensen proberen te krijgen wat ze willen, en als anderen gewond raken onderweg, dan is dat zo. Onze levens leven op een manier die anderen eert en bijdraagt aan de verbetering van de levens van hen om ons heen is heel zeldzaam geworden tegenwoordig. Hoe moeten we dan leven? Wat zijn de fundamentele zaken die we moeten omarmen waardoor er een belangrijke verandering plaats zal vinden in de wereld? Wat is een man van eer en hoe handelt hij in de hedendaagse wereld? Laat ons samen op reis gaan om een manier van leven te ontdekken die deze wereld kan veranderen.

[1] Bringing Up Boys, Dr. James Dobson (Tyndale House Publishers, Inc.)

Het is tijd om de vlag te hijsen

Persoonlijke reflectie

We hebben gelezen hoe mannen vrijwillig hun leven opofferden voor de eer van hun familie (clan) en regiment.

1. Het Schotse regiment had zijn berg te veroveren. Welke bergen moet jij veroveren? Angst, afwijzing, huwelijks problemen, financiële problemen, schaamte, boosheid. Schrijf ze nu op en vertrouw erop dat terwijl je dit boek samen met je groep leest de Heer je helpt om deze bergen waar je voor staat te overwinnen.

2. Welke dingen offeren anderen op voor jou om een verschil in jou leven te maken?

3. Wat zou je kunnen doen voor diegene die het dichts bij je staat om een gigantische impact op hun leven te maken?

Punten voor groepsdiscussie

1. Bespreek een aantal voorbeelden van wereldse waarden die steeds verder wegzakken omdat mannen met een leidende functie niet staan achter eerlijkheid, waarheid, eer en goddelijke waarden.

2. Welke impact hebben de volgende punten op de samenleving waar
   je in leeft?

- Ontrouw in huwelijk
- Gebroken families
- Seksueel overdraagbare ziektes door seksueel gedrag

- Politieke corruptie
- Financiële corruptie
- Moreel falen van leiders

3. Deel hoe jou leven is veranderd door het bovenstaande. Bid voor
   elkaar.

Onthoud dat dit niet bedoeld is om anderen te bekritiseren of te
veroordelen maar om te discussiëren over deze dingen en de impact die ze
hebben gehad op jou leven en dat van je familie en gemeenschap.

Hoofdstuk 2

Ereplaats

Succes is niet noodzakelijk een maatstaf van eer

De standaard mythe van geld is dat financiële rijkdom ons gelukkiger maakt, zekerder en belangrijk. Niet alleen kunnen vermogens in korte tijd weer verloren gaan, maar met de constante behoefte om financieel meer te krijgen, liggen stress en trauma op de loer. Het nieuws heeft regelmatig verhalen over financieel rijke mensen die zich niet prettig voelen, angst hebben, verslaafd aan drugs of alcohol en een gigantisch 'liefdes gebrek' in hun leven. Ze zijn continue op jacht naar betere en grotere dingen maar kunnen geen tevredenheid vinden. En hoewel ze veel rijkdom vergaard hebben, liggen hun families vaak overhoop.

Eer kun je vinden in een man die op zoek is naar een *betekenis* in zijn leven door zijn wereld te veranderen en er een betere plaats om te wonen van te maken. Iemand die eerst het Koninkrijk van God wil bouwen, een plek waar gerechtigheid, integriteit, liefde, blijdschap en vrede de boventoon voeren, waardoor mensen kunnen groeien en veiligheid kunnen ervaren in hun leven. Als we volledig gefocust zijn op succes, op het verkrijgen van zoveel mogelijk geld, macht, erkenning en prestige, dan halen we meer uit het systeem als dat we bereid zijn erin te stoppen. Hebzucht en de spanningen van het leven resulteren erin dat eer niet doorslaggevend is in onze zaken en relaties. Als eer afwezig is, lijden we allemaal onder wat over blijft, en dat is wantrouwen, hebzucht, jaloezie, corruptie en schaamte.

Gekroond met glorie en eer

De Bijbel verteld ons in Genesis hoofdstuk 1 dat de mens gemaakt is naar het 'beeld' van God, en de verantwoording krijgt over de gehele schepping. Adam liep in de gezegende intimiteit met God als zijn vader. Daarom was in zekere zin de mens een *ereplaats* gegeven; Hem was namelijk de hoogste waarde, waardigheid gegeven, en de mens was zeer belangrijk in de ogen van God. God eerde Adam en Eva door hen de macht en autoriteit over alles wat Hij gemaakt had te geven.

Psalm 8:5-6 "Wat is dan de mens, dat U zoveel om hem geeft? Wat is een mensenkind dat U zich om hem bekommert? En U hebt hem een plaats vlak onder Uzelf gegeven, *U hebt hem gekroond met heerlijkheid en eer*." (Het Boek vertaling)

Wij zijn uitgekozen door God, gekroond met glorie en eer en hebben de heerschappij gekregen over alles wat God gemaakt heeft. Dit onderscheid in de rangorde van de creatie vermoed een grote intrinsieke waarde, niet alleen voor de mensheid, maar voor een ieder van ons.

Eerbaar leven

Iemand die deze "erepositie" begrijpt zal vervolgens proberen anderen om hem heen te eren door hen respect en waardering te tonen en voortdurend opbouwend te communiceren, te prijzen, vertellen dat men iets betekend en van waarde is. Om eer te geven, moeten we mensen, in het bijzonder de mensen die dicht bij ons staan, toespreken op een rustige opbouwende manier en dienen we met mensen rekening te houden, meelevend te zijn en met respect te behandelen. *"Eer hoort net zo bij de mens als liefde, en heeft invloed op beginnende relaties die de eigenwaarde en het karakter vormen."*[1] Het is zelfs zo, dat er zonder eer geen ware liefde kan zijn, want hoe kunnen we ware liefde uiten als het niet is gebaseerd op oprecht respect, waardering, acceptatie en het toekennen van menselijke waardigheid.

Eer is de 'atmosfeer' van de hemel

In het visioen van Johannes in het boek Openbaringen ziet en hoort hij elk levend schepsel zingend eer betuigen aan Jezus, "U bent waardig, O Heer, om glorie en eer te ontvangen." Het is ononderbroken en gaat steeds maar door, waardoor het een *atmosfeer van eerbetoon* creëert.

*Openbaring 4:9-11 "Die vier levende wezens eren, prijzen en danken Hem die op de troon zit en die voor altijd en eeuwig leeft. Telkens wanneer zij dat doen, vallen de vierentwintig ouderlingen voor Hem neer om Hem te aanbidden en Hem als de Heer van hun leven te erkennen. En zij zeggen:'***Here, onze God, U bent alle lof, eer en macht waard,*** omdat U alles gemaakt hebt. Alles is ontstaan en gemaakt, omdat U het wilde."* (Het Boek vertaling)

*Openbaring 5:11-13 "Toen zag en hoorde ik miljoenen engelen om de troon en ook de wezens en de ouderlingen. 'Het Lam dat geslacht is', juichten zij, 'is het waard om alle macht, rijkdom, wijsheid, kracht, **heerlijkheid, lof en eer** te ontvangen!' En ik hoorde alle schepselen in de hemel, op de aarde, onder de aarde en in de zee daarmee*

Johannes beschrijft hoe de ouderlingen hun kroon voor Hem neergooien. Kronen staan voor titels, prestaties, positie en autoriteit. Ze klampen zich niet aan deze dingen vast maar leggen het vrijwillig aan de voeten van Jezus. Als we prijzen en aanbidden, dan geven we glorie en eer. Als we eren en prijzen, dan zegenen, vestigen en bouwen we Zijn troon in onze levens.

Onderdeel van het 'Onze Vader' dat Jezus ons leerde is:'Uw wil geschiede, op aarde zoals ook in de hemel' (Mattheüs 6:10) Daarom geloof ik echt dat Gods hart wil dat we een atmosfeer van eer in onze gezinnen creëren en zelfs op elke plek waar we dagelijks bezig zijn. Laten we onze 'kronen' aan de kant leggen of wat ons dan ook maar trots of onverschillig maakt als we met andere mensen in ons leven bezig zijn. We creëren een atmosfeer van eer als we dankbaarheid uiten, waardering en lof aan een ieder waarmee we een hechte en nederige band hebben.

Eer zodat het goed met je gaat

Exodus 20:12 "Heb eerbied voor uw vader en moeder, dan krijgt u een lang en goed leven in het land dat de HERE, uw God, u zal geven.(Het Boek vertaling) Één van de tien geboden verteld ons dat we onze vaders en moeders moeten eren, zodat het goed met ons gaat. Hieronder vallen ook onze natuurlijke en spirituele vaders en andere mensen met autoriteit in ons leven. Onze ouders eren creëert een harmonieuze atmosfeer en eenheid die God zelf zegent.

Eer erkent en bevestigd het door God aan hen gegeven mandaat en waarde in ons leven. Iemand eren gaat verder dan het kijken naar fouten uit het verleden of tekortkomingen, het sluit aan op de zegeningen die God geeft als je gehoor geeft aan het gebod van God om je ouders te eren. Het principe overstijgt het natuurlijke en opent de deur voor goddelijke interventie.

De keuze voor zegenen of vervloeken

Laatst keek ik naar een interview met een coach van een sportteam dat net een wedstrijd gewonnen had. De coach was blij met de winst, maar erkende ook dat er nog zwakheden waren die verbeterd moesten worden. Zijn laatste woorden van het interview waren dat hij ze niet ging vertellen hoe goed ze het gedaan hadden, maar dat hij de komende week voor de volgende wedstrijd de focus ging leggen op de zwakheden. Dit is een goed voorbeeld van de angst die we hebben om anderen te complimenteren of te eren. Misschien denken we dat ze dan overlopen van trots of arrogantie. Deze coach dacht misschien dat zijn team het dan rustig aan zou gaan doen, en niet hard genoeg aan de fouten zou gaan werken. Dit is echter een verkeerde aanname die ons, en de mensen die we zouden moeten eren, berooft van een krachtige zegen.

We hebben eens een vrouw begeleid wiens leven een puinhoop was geworden. Toen we teruggingen in haar leven, om te proberen vast te stellen waar het probleem begon, werd het duidelijk dat een sleutel factor was dat ze het gevoel had afgewezen te worden door haar ouders. Als ongewenst derde kind werd ze al afgewezen toen ze nog in de baarmoeder zat. Haar thuisleven was zeer onstabiel met een vader die alcoholist was en die haar moeder mishandelde. Er was geen liefde in dit huis, alleen boosheid en geweld met oorverdovende stiltes daartussen. Ze heeft zich nooit geaccepteerd gevoeld en haar ouders hadden geen emotionele band met haar. Ze ging rebelleren en in haar vroege tienerjaren ging ze drugs gebruiken en was ze regelmatig niet op school. Ze werd seksueel actief op haar veertiende, wanhopig op zoek naar genegenheid. In het begin blonk ze uit op school en met sport, om maar geaccepteerd te worden. Ze kwam dan thuis met een rapport met drie tienen, twee achten en een zes, maar haar ouders legden altijd de focus op die ene zes en dat was niet goed genoeg. Ze *moest* beter haar best doen als ze succes wilde hebben in het leven. Nooit heeft ze de woorden 'Goed gedaan, we zijn trots op je" gehoord. Er was geen eer of acceptatie. Dus voelde ze dat ze nooit "goed genoeg" was en niet kon voldoen aan het verwachtingspatroon van haar ouders. Daarom begon ze op de snelwegen en B-wegen van het leven te zoeken naar acceptatie, en hoewel dit een kortdurende belofte van plezier en verlossing van de pijn gaf, leidde het haar naar een leven van prostitutie en vernietiging.

Het achterhouden van een zegen voor hen waarvoor we geroepen zijn om van te houden kan juist resulteren dat ze onder een vloek komen te leven. Als we emotioneel afstand nemen en geen acceptatie communiceren, aanmoedigen en waarde hechten aan hen waar we van zouden moeten houden, dan voelen ze zich afgewezen, niet geaccepteerd of vernederd en dat is een vloek.

Het verhaal van de vrouw heeft een wonderbaarlijk afloop doordat ze werd opgenomen in een christelijke organisatie en uiteindelijke een ware 'eervolle man' ontmoette. Hij reflecteerde het hart van Jezus voor haar, had haar onvoorwaardelijk lief en herstelde haar eigenwaarde. Vandaag de dag zijn ze getrouwd en hebben twee prachtige dochters.

Echte eerlijke aanmoediging en eer moet voor ons een vreugde en verantwoordelijke houding naar anderen zijn. Acceptatie en waardering kan letterlijk de levens van de mensen om je heen veranderen.

Eer kan de atmosfeer binnen je huwelijk, je huis, je kantoor, kerk, sportteam, en zelfs je natie veranderen. Laat je titels, posities of belangrijkheid of trots niet in de weg staan van het aannemen van een leven met een nederige houding, geef lof en eer aan diegenen die je rondom je kunt uitkiezen om te bemoedigen en op te bouwen.

Glorie en eer ingeruild voor schaamte

In Genesis 1, lezen we dat het resultaat van hebberigheid was, dat de mens God niet gehoorzaamde en ging rebelleren tegen God en in zonde viel. Dit had tot resultaat dat Adam en Eva hun *eer en glorie verloren en een 'geest van schaamte' kregen.* In Genesis 3, lezen we hoe zij zich voor God verstopten, omdat ze zich naakt voelden en zich schaamden. De schaamte zorgde ervoor dat ze zich kwetsbaar, blootgesteld, en schuldig voelden, waardoor andere kwade ondeugden konden proberen de controle over te nemen. Ze voelden zich angstig en begonnen elkaar de schuld te geven tegenover God, om te proberen aan hun eigen schuldgevoel te ontsnappen. Het resultaat was afwijzing, verdeeldheid, boosheid en uiteindelijk dood – spiritueel, emotioneel, relationeel en fysiek.

Volg het volgende schema.

Val van de mensheid

De mens was gemaakt naar het beeld van
God en gekleed met glorie en eer.

De mens was ongehoorzaam aan God
gedreven door hebzucht en kreeg een
geest van schaamte

Schaamte ontketende een kettingreactie
van andere ondeugden, te beginnen bij....

Ze begonnen elkaar te veroordelen....

Dit heeft afwijzing tot gevolg...

Het resultaat van veroordeling en
afwijzing is....

Dit resulteert in....

Reactie van de mens: boosheid, geweld,
bitterheid, terugtrekking, depressie

EER

SCHAAMTE

ANGST

SCHULD
VEROORDELING

AFWIJZING

SCHEIDING
VERDEELDHEID

PIJN
VERLIES VAN WAARDIGHEID

ANGST
DEPRESSIE

DOOD

Het sterven van de volgende zaken:

SPIRITUEEL – Afscheiding van God
EMOTIONEEL – Gevoelens van waardeloosheid, afwijzing
RELATIONEEL – Veroordeling heeft afscheiding, verdeeldheid tot
gevolg
FYSIEK - Boosheid, haat, moord, dood

Toen Adam en Eva hun 'eervolle positie' verloren, waren ze niet langer 'gekleed' in eer en glorie, ze waren 'gekleed' in schaamte.

Schaamte betekend dat je gevoelens hebt van afwijzing of gebrek aan waardigheid, een diep gevoel van waardeloosheid, gebroken identiteit, met andere woorden negatieve gevoelens over wie je bent en je doel in het leven. De wortel van angst, afwijzing, verdeeldheid, boosheid en vele andere gebieden van pijn en destructie in ons leven is 'schaamte'.

In het leven gaat schaamte heel makkelijk samen met andere negatieve gevoelens over je familie, thuis, cultuur, huidskleur, financiële status en fysieke dingetjes. Vaak zijn we ons niet bewust van de diepgewortelde schaamte in ons leven, maar het kan aan de oppervlakte komen door geïrriteerdheid, boosheid, afwijzing, angst, depressie, verwardheid, constant bekritiseerd worden door anderen, jezelf naar beneden halen en een algemene afwezigheid van liefde en genegenheid. Schaamte kan ervoor zorgen dat we naar kortdurende pleziertjes gaan zoeken als alcohol, voedsel, pornografie en andere verslavingen om onze pijn te verzachten.

Eer en schaamte zijn gigantische tegengestelde polen en zullen een grote impact hebben op de manier hoe we ons leven leven, en vooral hoe we met anderen omgaan. Eer resulteert in eenheid, harmonie, vrede, liefde, plezier en zegeningen voor een ieder, terwijl schaamte in onze levens en relaties resulteert in verschillen van mening, frustratie, boosheid, pijn, eenzaamheid en verdeeldheid.

Beoordeel je positie opnieuw

Als de mens je een positie van eer heeft gegeven als gevolg van je prestaties en succes onthoud dan, dat de mens het ook weer af kan pakken. Roem en rijkdom komen en gaan. Maar als we echter een openbaring krijgen in onze 'eervolle positie' in God, door Jezus Christus, dan veranderd ons leven voorgoed. Dan kunnen we beginnen te leven in een 'atmosfeer' van eer die we elke dag creëren in ons huis, op ons werk en in onze dagelijkse relaties. Onze keuze om te zegenen of te vervloeken, te eren of te schande maken, moet niet afhangen van de manier waarop andere mensen met ons omgaan, maar door onze eervolle positie en de bekrachtiging van de gratie waarmee God ons heeft uitgerust.

Het is tijd om de vlag te hijsen

Persoonlijke reflectie

1. Maak een lijst van een aantal woorden die Eer beschrijven
2. Maak een lijst van een aantal woorden die Schaamte beschrijven
3. Heb je wel eens een dag of zelfs een seizoen van schaamte gehad?
4. Bekijk of het volgende voor jou van toepassing is:

   - Afwijzing door een vriend op school of voortdurende vernedering door een leraar(es)
   - Gebrek aan liefde of zelfs mishandeling door een ouder of ander familielid
   - Lichamelijke punten waardoor je je onzeker voelt
   - Scheiding in je familie of verlies van een ouder
   - Opgegroeid in zeer arme omstandigheden
   - Gefaald in iets dat heel belangrijk voor je was
   - Denigrerende woorden die je in je identiteit geschaad hebben

5. Ben je in een eervolle positie gekomen in God, door Jezus Christus aan te nemen als je Heer en Redder?
6. Heb je berouw dat je jezelf voor anderen, speciaal voor je familie, schaamde of in diskrediet hebt gebracht?
7. Hoe kun je in jou familie beginnen met het creëren van een atmosfeer van eer?

Gebed

Vader, vergeef mij alstublieft dat ik tegen U rebelleer. Ik wil mijn leven aan Jezus Christus geven en hersteld worden in mijn intimiteit met U. Vergeef mij voor het mij schamen voor anderen en dat ik anderen pijn heb gedaan. Help mij alstublieft met het creëren van een 'atmosfeer' van eer, waar ik ook ga, ter ere van U. Amen.

Punten voor groepsdiscussie

1. Praat over de verschillen tussen:
    - **Succes:** doelen van positie, macht, financieel gewin, auto's enz.
    - **Betekenis:** focus ligt op het veranderen van de wereld zodat het een betere plek wordt, het bouwen van Gods Koninkrijk, door gebruik te maken van je gaven tot de glorie van God.
2. Hoe vaak wordt eer ingeruild voor schaamte in de alledaagse dingen?
3. Bespreek hoe je een atmosfeer van eer kunt creëren in je huis, op het werk enz.
4. Bid voor elkaar met betrekking tot specifieke gebeurtenissen van schaamte in hun leven.

Hoofdstuk 3

Jezus... Man van Eer

Na de 'val' van de mens en de verbanning uit de 'Tuin' was het de zondige natuur van de mens die de mogelijkheden gaf aan de Duivel die vernietiging naar de wereld bracht. Oorlogen, conflicten, armoede, hebzucht, scheidingen, afscheidingen, wantrouwen, verraad enzovoorts werden een manier van leven. De mens was gekleed in schaamte, de glorie en de eer die ze had in het bijzijn van God was verloren. God zond Zijn zoon Jezus Christus om de mens weer naar Hem te leiden, doordat Jezus Zijn leven aan het kruis gaf en zo de prijs betaalde voor de zonde. Een nieuw verbond was gesloten door het vergoten bloed van Jezus, waardoor de mens opnieuw in eenheid met de liefdevolle Vader kon komen en in Zijn nabijheid kon wandelen. De mens was nu weer in de 'gezegende positie' gebracht die God vanaf het begin van de creatie had uitgesproken. *Genesis 1:28 "God zegende hen en zei:'Vermenigvuldig je, bevolk de aarde en onderwerp haar. Heers over de vissen, de vogels en alle andere dieren."* (Het Boek vertaling)

Dit werd nog eens tegen Abraham bevestigd in *Genesis 12:2-3. "Dan zal ik u de vader van een groot volk maken. Ik zal u zegenen en uw naam overal beroemd maken. U zult vele anderen tot een zegen zijn. Als iemand u zegent, zal Ik hem zegenen en als iemand u vervloekt, zal Ik hem vervloeken. U zult voor alle volken een zegen zijn."* (Het Boek vertaling) *Genesis 22:16-18: "Ik, de HERE, heb Mijzelf gezworen dat Ik u en uw nageslacht rijk zal zegenen, omdat u Mij hebt gehoorzaamd en Mij zelfs uw enige zoon wilde geven. Uw nakomelingen zullen net zo talrijk zijn als de sterren aan de hemel en het zand langs de zee. Zij zullen hun vijanden overwinnen en een zegen zijn voor alle volken van de wereld en dat alles, omdat u Mij hebt gehoorzaamd."* (Het Boek vertaling)

Een verbond of zegening werd gemaakt met Abraham die ook onze erfenis is door Jezus Christus. *Galaten 3:29: "Als u een deel van Christus bent, bent u ook kinderen van Abraham en dan is wat God hem beloofde, ook voor u."* (Het Boek vertaling)

De kracht van de zonde en de vloek waren verbroken maar er is iets waar velen overheen gekeken hebben, **de kracht en het 'juk van schaamte'** was verwijderd zodat door genade , door geloof, we weer hersteld konden worden in de 'Eer' van de Vader.

*Johannes 17:22-23: "Ik heb hun dezelfde **eer** gegeven als U Mij gegeven hebt, om hen zo één te laten zijn als U en Ik. Doordat Ik in hen ben en U in Mij bent, zullen zij een volmaakte eenheid zijn. Dan zal de wereld erkennen dat U Mij gestuurd hebt en dat U net zoveel van hen houdt als van Mij."* (Het Boek vertaling)

Jezus gaf aan het kruis Zijn Eer en Glorie aan ons:

- We ontvangen het als we ons leven aan Hem geven
- Dan zijn we gepositioneerd als zonen van God met waarde, acceptatie en waardigheid.
- We groeien erdoor in ons leven als we het weggeven aan anderen, respect en eer laten zien door ons gedrag, onze woorden en handelingen

- We wijzen erop dat we hierboven hebben gezegd dat Jezus gezegd heeft dat Hij ons eer en glorie geeft, zodat we **één** kunnen worden met Hem en met elkaar. Zonder eer, kunnen we nooit 'één' worden.

We zijn gekleed in eer en glorie en zijn daardoor in staat om in het licht, kwetsbaarheid en openheid te leven, in tegenstelling tot 'verstoppen'. Het resultaat is dat we in eenheid met elkaar samenleven en de zegen van God ervaren. Want "als broeders in eenheid samen wandelen, gebied God Zijn zegen." *(vrije vertaling van Psalm 133)*

We kunnen de toegezegde zegeningen van Abraham toepassen door Jezus Christus en dan mogen we verwachten dat de zegeningen van God "over ons komen." *(Vrije vertaling van Deuteronomium 28:1&2)*

De Duivel geeft ons schaamte :

We krijgen het als we ervoor kiezen in zonde te leven en rebelleren tegen God. Buiten het zoonschap om met de Vader, leven we in schaamte, met een diep gevoel van onwaardigheid, gebrek aan eigenwaarde en afwijzing.

We beschamen geliefden door te bekritiseren, afwijzen, emotionele en fysieke mishandeling en gebrek aan kennis of zegen. Dit creëert een leegte in hen. Dat resulteert weer in pijn, terugtrekking en verdeeldheid van de geest.

*Mattheüs 12:25 "...Een verdeeld koninkrijk **valt uiteen**, ...een stad of huis waar verdeeldheid heerst, blijft niet bestaan".(Het Boek vertaling)* Schaamte zorgt ervoor dat we uiteen vallen, we ervaren een gebrek aan zegeningen, voelen ons geplunderd en onvruchtbaar in onze financiën, relaties en emoties. Dat is de reden waarom zoveel mensen hun heil zoeken bij alcohol, drugs, eten, seks en meer van dat soort dingen, als troost.

Jezus kwam om de schaamte die we door de zonde geërfd hadden weg te nemen, inclusief afwijzing, gebrek aan eigenwaarde, vervloekte identiteit,angst, boosheid en alle andere vruchten van schaamte. *"Daarbij moeten wij blijven kijken naar Jezus, die ons de weg wijst. Hij is het doel van ons geloof. Hij kon Zich aan het kruis laten slaan en de **schande negeren**, omdat Hij wist welke blijdschap Hem te wachten stond. En nu zit Hij aan de rechterzijde van de troon van God." Hebreeën 12:2 (Het Boek vertaling)* Dit is Gods belofte aan hen die hersteld zijn in Hem. *"In plaats van schaamte en schande zult u een dubbele hoeveelheid voorspoed en eeuwige vreugde krijgen." Jesaja 61:7 (Het Boek vertaling)*

De Rechterhand van God

De Bijbel geeft grote waarde aan de "Rechterhand van God". *Handelingen 2:33 35 "Hij heeft Hem toen de ereplaats aan Zijn rechterhand gegeven. Zoals beloofd gaf God Hem de Heilige Geest en Jezus heeft de Heilige Geest uitgestort, en dat ziet en hoort u nu. David is niet zelf naar de hemel gegaan en sprak dus niet over zichzelf toen hij zei: "God zei tegen mijn Here: **Kom naast Mij zitten, aan Mijn rechterhand**, totdat Ik Uw vijanden aan U onderworpen heb."(Het Boek vertaling)*

Jezus zit aan de *rechterhand van God* op een 'plaats van eer', een plek van 'zegening en overwinning'.

In Efeziërs 2:6, lezen we dat wij samen met Jezus zijn opgenomen om met Hem in de hemel plaats te nemen zodat Hij ons Zijn oneindig grote goedheid en genade voor ons kan tonen.

Omdat Jezus gezeten is aan de rechterhand van God, een **'plaats van eer'**, zo hebben ook wij een plaats van eer aan de rechterhand van God gekregen, door Christus.

De strijd in de hemelen en de oorlog die we op aarde voeren gaat erom of we gekleed gaan in eer of schaamte op een dagelijkse basis. Jezus heeft voor ons de overwinning gebracht door de zonde en schaamte te overwinnen en heeft zo de weg voor ons open gemaakt om met Hem aan de rechterhand van God te zitten.

En toch moeten we dagelijks keuzes maken hoe we willen leven in onze gedachtes, woorden en acties. Het gaat er niet alleen om of we naar de hemel gaan als we sterven, het gaat erom of we vandaag de dag in een geest van eer of schaamte leven, of we de atmosfeer van eer voor onszelf en voor anderen om ons heen creëren om in te leven. Het is in feite een keuze om vandaag in de hemel of in de hel te leven.

Terug naar ons verhaal over het Schotse Regiment...

Ik realiseerde me dat het probleem niet in het huwelijk van deze man zat, maar in het feit dat hij nog steeds onder de schaamte, afkeuring en veroordeling die hij ondervond toen zijn regiment opgeheven werd leefde. Ik voelde dat God hem riep om dienst te nemen in *Zijn* leger zodat zijn eer hersteld zou worden en hij weer een reden had om te leven en te sterven.

Deze strijd was in feite gelijk aan het veroveren van het machinegeweernest . Ze moesten zelfs bereid zijn om hun leven te geven voor de eer van hun familie en clan. De eer van zijn familie stond opnieuw op het spel en er moest een beslissing genomen worden. Ik zag de overtuiging van de Heilige Geest in hem komen en hij kreeg nieuwe kracht en hoop. We stonden allebei in de houding toen hij zijn hand op zijn hart legde en een gebed uitsprak van het opnieuw dienst nemen en trouw blijven aan het leger van God. Tranen liepen over onze wangen toen we ons realiseerden dat de vijand opnieuw verslagen was en hij ging naar huis om een berg te veroveren, om de 'vlag van eer' in overwinning te hijsen en zijn huwelijk te herstellen.

Jezus hees een 'vlag van eer'

Jezus als 'Man van Eer,' hees een 'vlag van eer' boven op een berg. Zijn vlag was een kruis. Hij gaf Zijn leven zodat een symbool van overwinning, hoop en eer voor altijd stand zou houden. De macht van zonde en schaamte was op die berg gebroken en zijn wij vrij gezet om te leven in de eer die ons beloofd was, een overeenkomst van liefde, vrede, vreugde en zegen, voor altijd.

Johannes 12:24-25: "Wat Ik jullie zeg, is de waarheid: een tarwekorrel moet in de aarde vallen en sterven, anders blijft het maar één tarwekorrel. Maar als hij sterft, brengt hij veel vrucht voort. Wie zijn leven liefheeft, raakt het kwijt. Maar wie zijn leven in deze wereld niet liefheeft, zal het behouden en eeuwig leven." (Het Boek vertaling)

Het leven gaat niet over onze successen, prestaties, prestige, macht of plezier. Het gaat over leven om eer te geven als we ons leven opofferen voor elkaar. Het wordt dan als de tarwekorrel die sterft zodat het meer vrucht kan dragen voor het Koninkrijk van God. *Leven om eer te geven zal een zegen op je huwelijk, familie, kerk, bedrijf en uiteindelijk, je natie vrij zetten.*

Het is tijd om de vlag te hijsen

Persoonlijke reflectie

Lees *Johannes 17:22-23*

1. Mediteer over de gift van Eer die Jezus jou heeft gegeven door Zijn dood aan het kruis

2. Op welke manier is jou waarde veranderd naar aanleiding van dit offer en gift van eer?

3. In *Johannes 15:14* staat:"Wie zijn leven voor zijn vrienden over heeft , heeft de grootste liefde." Wat was de drijvende kracht voor Jezus om Zijn leven te geven zodat onze eer hersteld kon worden?

4. Jezus stierf om jou "juk van schaamte" weg te halen, heb je het ook werkelijk aan Hem gegeven?

Gebed

Vader, dank U voor de glorie en eer die ik door Uw Zoon Jezus heb ontvangen. Ik laat de schaamte die ik in mijn leven heb los. Vergeef me dat ik mijn 'verdeelde' geest toegelaten heb om mijn huis en relaties af te breken. Ik kies ervoor om eer te geven en zegeningen aan hen die om mij heen zijn. AMEN

Punten voor groepsdiscussie

1. Johannes 17:23 Wat is het resultaat van Eer?

2. Psalm 133:3 Wat is het resultaat van wandelen in eenheid?

3. Mattheüs 12:25 Bespreek de consequenties van schaamte/schande

4. Welke invloed heeft dit gehad op je eigen leven, familie, bedrijf, kerk, enz.?

5. Bid voor elkaar voor herstel.

6. Johannes 12:24 Bespreek de overeenkomst tussen een tarwekorrel die op de aarde valt en sterft, het kruis dat Jezus op de berg gezet heeft, en de 'berg' die je zelf in moet nemen.

7. Bepreek het belang van het aan de 'rechterhand' van God zijn en wat het met je eigen leven doet.

Hoofdstuk 4

Een man van eer worden

*1 Koningen 2:1-3 "Toen koning David zijn einde voelde naderen, gaf hij zijn zoon Salomo de volgende opdracht: 'Ik ga nu de weg waarlangs ieder mens op aarde eens moet gaan. **Gedraag je als een man en zorg ervoor een krachtig en waardig opvolger te zijn.** Gehoorzaam de wetten van God en volg al Zijn wegen. Leef de geboden, voorschriften en aanwijzingen die in de wet van Mozes staan na, zodat het je goed zal gaan bij alles wat je doet en waar je ook gaat." (Het Boek vertaling)*

David wist dat hij snel zou sterven, daarom riep hij zijn zoon Salomo bij zich en gaf hem deze uitdagende opdracht, "***gedraag je als een man en zorg ervoor een krachtig en waardig opvolger te zijn***", *in de New King James bijbel staat er:* "***Vat moed en wees een man***". Dit is een geweldige uitdaging voor ons allemaal. David vervolgt met duidelijke adviezen hoe dit te doen:

- ***Bewandel Gods wegen:*** Laat je egoïstische wensen en 'vleselijke' verlangens los en geef je hart over aan God en volg Hem.
- ***Houd de voorschriften, geboden, richtlijnen en wetten die geschreven staan in de Wet van Mozes:*** Probeer niet je eigen ding te doen, laat het Woord van God je richtlijn zijn. Dit zal je leiden en helpen om de juiste beslissingen te nemen, mensen eerlijk te behandelen, je gezin voorgaan en je verantwoordelijkheden eervol te vervullen.

Het resultaat is: "Je zult succesvol zijn in alles wat je doet waar je ook bent".

De opdracht van David daagde zijn zoon en elke man uit om:

1. Volg de morele hoge weg in het leven

We leven in een wereld waar alles kan! "Als het goed voelt, doe het dan!" is de nieuwe waarde waar mensen naar leven. Sterker nog, het is je morele recht om te kunnen doen en laten wat je maar wilt. Het lijkt er wel op dat er meer wetten zijn die dieven en rovers beschermen, dan de onschuldige partij die gerechtigheid en bescherming zoekt. Ons bewustzijn is vertroebeld.

Gebed voor hernieuwd bewustzijn

Het volgende is een gedeelte van een gebed dat voorgelezen is door Pastor Joe Wright bij de opening van het nieuwe seizoen van de Senaat van Kansas:

"Hemelse Vader, wij komen vandaag bij U om vergeving te vragen en Uw richting en leiding te zoeken. We weten dat Uw Woord zegt "Wee hen die kwaad goed noemen", maar dat is precies wat wij gedaan hebben.

We zijn ons spirituele evenwicht kwijtgeraakt en hebben onze waardes omgedraaid.

We hebben de armen uitgebuit en noemen dat de loterij.

We hebben luiheid beloond door het bijstand te noemen.

We hebben onze ongeboren kinderen vermoord en noemen dat keuze.

We hebben abortusplegers neergeschoten en noemen het rechtvaardig.

We hebben nagelaten onze kinderen te disciplineren en noemen dat zelfvertrouwen opbouwen.

We hebben macht misbruikt en noemen dat politiek.

We hebben de eigendommen van onze buren ons toegeëigend en noemen dat ambitie.

We hebben de lucht vervuild met roddel en pornografie en dat noemen we verlichting.

Oh God zoek ons en ken vandaag onze harten; reinig ons van elke zonde en maak ons vrij. Amen!" [1]

Door de jaren heen zijn onze morele waarden afgebrokkeld tot het punt waar mensen niet eens meer zeker weten wat nu goed of slecht is. Bijbelse waarheden en morele waarden zijn er altijd geweest om ons te beschermen van anarchie en verwoesting, maar ze zijn grotendeels losgelaten. Gebed werd op de scholen verbannen en nu vragen we ons af waarom we zoveel geweld, zedeloosheid en rebellie hebben.

Het was de afbraak van morele waarden, seksuele perversiteiten en de vernietiging van de waarde van het gezin die uiteindelijk het Romeinse Rijk hebben verwoest, ooit de machtigste beschaving en het machtigste leger op aarde.

Wat gebeurt er met ons als we doorgaan met deze apathische verwaandheid?

Genoeg is genoeg

Er komt een tijd dat we een lijn in het zand moeten trekken en zeggen:"Tot hier en niet verder."

Er was veel moed voor nodig van Pastor Wright om dit gebed voor de Senaat uit te spreken, maar de tijd is gekomen voor mannen van moed en eer om op te staan tegen compromissen en kwaad.

Toen dat Schots regiment de heuvel nam in de Tweede Wereldoorlog en hun vlag hees, maakten ze een morele hogere grond. De tirannie van onderdrukking ingesteld door Hitler werd teruggedrongen en de 'vlag van gerechtigheid en rechtvaardigheid' werd gehesen. Toen mijn vriend ervoor koos om terug naar huis te gaan en 'nee' te zeggen tegen een potentiële buitenechtelijke relatie en de vlag van eer op zijn berg hees, maakte hij morele hoge grond.

Toen Jezus de verleidingen in de woestijn onderging zoals beschreven in Mattheüs 4, zei Hij 'nee' tegen zelfbehoud, compromis en zelfverheffende krachten waartoe Hij verleid werd door de duivel.

Toen Petrus, in zijn onschuld, probeerde Jezus om te praten om niet naar Jeruzalem te gaan, omdat Hij daar vermoord zou worden, zei Jezus, "Ga achter me staan Satan." (Mattheüs 16:21-23). Jezus kon niet van Zijn missie gebracht worden van het nemen van de hogere weg. Hij gaf vrijwillig Zijn leven om over zonde en elke kwade macht in deze wereld te triomferen. Hij gaat zelfs nog door in *Mattheüs 16:24-27 "Daarna zei Jezus tegen Zijn leerlingen, 'wie bij Mij wil horen, moet zichzelf niet belangrijk vinden. Hij moet zijn kruis opnemen en Mij volgen. Want wie zijn leven wil behouden, zal het verliezen. Maar wie zijn leven vanwege Mij verliest, zal het behouden. Wat hebt u eraan de hele wereld te winnen en uw leven te verspelen? En wat zou u kunnen geven in ruil voor uw leven? Ik, de Mensenzoon, zal samen met Mijn engelen komen in de schitterende heerlijkheid van Mijn Vader om iedereen te oordelen naar zijn daden." (Het Boek vertaling)*

Het 'uur' dat de wereld kan veranderen

Vele jaren geleden, toen ik nog in zaken zat, stelde een goede vriend van mij voor om een verkennende zakenreis naar Taiwan en Hong Kong te maken om te zien of we wat unieke producten konden importeren naar Zuid-Afrika. We kwamen aan en maakten een afspraak met de Kamer van Koophandel in Taiwan. Ze zorgden voor afspraken met een aantal bedrijven om hun producten te laten zien en alles raakte een beetje uit controle! Ik geloof dat ze te horen hadden gekregen dat we grote kopers waren, terwijl we kleine kopers waren die wat dingetjes uit wilden zoeken. Een grote fabriek nodigde ons uit voor een diner in één van de betere restaurants. We lieten ons meeslepen door alle aandacht die we kregen en begonnen ons belangrijk en speciaal te voelen.

We werden naar onze tafel geleid en werden zo neergezet dat er tussen elke man nog ruimte was. Wij vonden dat nogal vreemd maar we gingen ervan uit dat het normaal was in Taiwan. Plotseling verschenen er een aantal meisjes en die gingen op de stoelen tussen ons in zitten. Onze gastheer lachte en zei:"Dit is vanavond voor jullie", met zijn Chinese accent. Wat gegeneerd keken we elkaar aan en we probeerden te doen of het normaal was voor ons, hoewel onze harten tekeer gingen als een gek! Er werd ons een weelderig diner voorgeschoteld, dat meer kostte dan wij in een maand verdienden. We gingen in gesprek met de dames. Ze waren goed geschoold en leken prettig gezelschap. Al snel begon de band te spelen en werden we op de dansvloer uitgenodigd. Ik voelde me zo stijf als een strijkijzer! Ik stond stijf van terughoudendheid en schuld, denkend aan mijn vrouw Lindah, die in Zuid-Afrika was.

We wilden eigenlijk onze gastheren, die voor ons de rode loper hadden uitgelegd en kosten nog moeite hadden gespaard voor ons, niet beledigen, en toch konden we niet relaxen. De meisjes wilden weten waarom we zo gespannen waren en we legden ze uit dat we getrouwd waren. Ze lachten en zeiden: "Kom op! Laten we naar jullie hotel gaan. Misschien kunnen jullie daar beter ontspannen." Opnieuw probeerden we uit te leggen dat we getrouwd waren en hun reactie was giechelend: "Geen probleem, zij zijn ver weg, laten we nog wat dansen en dan naar jullie hotel gaan!" Mijn vriend en ik keken elkaar aan met een knalrood hoofd en we begonnen ons af te vragen of het misschien toch niet zo'n groot probleem was. We waren jonge christenen, ver van huis, en op dat moment voelde het allemaal zo goed.

Door de overtuiging en bescherming van de Geest van God kwamen we weer tot onszelf en wogen de nadelen en consequenties van hun voorstel af tegen de korte periode van plezier. Ik denk nog vaak terug aan dat "uur van verleiding" waar we doorheen gingen en vraag me dan af hoe ons leven veranderd zou zijn als we toegegeven hadden aan het gevoel wat in ons opkwam. Zou mijn huwelijk het overleefd hebben? Zou ik binnen de gemeente doen wat ik nu doe? Wat zou er met mijn kinderen gebeurd zijn? Zou ik überhaupt nog met de Heer wandelen?

Elke man komt dat "uur" in zijn leven tegen; een tijd waarin we moeten kiezen onszelf te ontzeggen, het ontzeggen van de vleselijke lusten en de verleidelijke pleziertjes in deze wereld. Sommigen mannen zullen deze verleiding vele malen tegenkomen in hun leven, zeker diegene die vaak van huis zijn voor reizen. Hetzelfde geldt voor de vrijgezelle man. Je toekomstige vrouw loopt daar ergens buiten rond, misschien ken je haar nog niet eens, maar ze rekent erop dat je jezelf puur houd voor haar. Ik weet zeker dat jij hetzelfde hoopt, dat zij puur voor jou blijft. Kracht en moed vind je in een man terug in zijn vastberadenheid om puur te blijven en zijn eer te behouden tijdens de verleidingen van korte termijn pleziertjes.

De nadelen optellen

Om morele hoge grond in te nemen en vast te houden moeten we bereid zijn om offers te maken, inclusief onszelf 'wegcijferen'. Als mannen van eer op kunnen staan, die berg veroveren en trouw kunnen blijven aan hun vrouw in het 'uur van verleiding,' dan kan deze wereld veranderen. Zo simpel is het! Het is ervoor kiezen om die vlag op de top van de berg die je tegenover je hebt te hijsen, de vijand te overwinnen en voor te gaan in de glorie van God. Mannen van Eer gaan voor in de glorie van God zodat iedereen gezegend kan worden. Toen de berg overwonnen was, waren de geallieerden verlost van de slachting die de vijand kon aanrichten. Levens waren gered en vrede kon terugkeren naar dat gebied. Elke keer als we triomferen en de morele hoge grond kunnen handhaven, zetten we geweldige krachten in beweging die vrede brengen, voorspoed en iedereen om ons heen zegenen.

Compromis veroorzaakt verwarring

We maken vaak compromissen doordat we overweldigd worden met allerlei meningen uit de media, films, vrienden en zelfs de overheid. Wat bijvoorbeeld tien jaar geleden als pornografisch uit de boeken en films was verbannen, wordt nu 'vrijheid van meningsuiting' genoemd, en kan door iedereen bekeken worden. Leeftijd restricties voor films zijn veranderd van 'niet voor onder de 21' naar 'niet voor onder de 10' of minder. Abortus was illegaal, maar nu kunnen we het leven van een ongeboren kind tot 24 weken beëindigen. Wat is nu echt goed en fout? Iedereen heeft een affaire tegenwoordig. Hoe verkeerd is dat? Op die manier wordt de 'muur van moraal besef' die ons zou moeten omringen en onze stad en ons beschermen stukje bij beetje afgebroken en verdwijnt soms helemaal.

Ik weet zeker dat je de oude Wild West films nog kunt herinneren met de Indianen galoperend rond het fort, dat de laatste inwoners beschermde. Als ze eenmaal een stuk muur doorbroken en omgegooid hadden, was het game over! Onze morele waarden zijn als dat fort, het beschermd onze gemeenschappen, steden en naties van vernietiging. Helaas zitten er nu vele gaten in die muur. We spenderen meer tijd en moeite praten en vechten over dingen, dan dat we opstaan tegen de slachting die het kwaad toebrengt aan onze kinderen en families. Moeten tieners bijvoorbeeld seksueel actief zijn? Nou, we kunnen dat vraagstuk helaas niet oplossen, dus geven we ze maar condooms! De bijbel verteld ons dat ontucht een ernstige zonde is en niet alleen mensen ervan weerhoud het Hemelse Koninkrijk binnen te gaan, maar ook zorgt voor veel emotionele, fysieke en sociale pijn. In vroegere jaren was het een eer om jezelf als maagd te presenteren aan je huwelijkspartner en God te vertrouwen om je eenheid en gezamenlijke leven te zegenen.

"Eer wordt historisch gezien bij vrouwen vaak gerelateerd aan seksualiteit: behoud van eer stond voornamelijk gelijk aan het behouden van maagdelijkheid van vrijgezelle vrouwen, en voor de rest exclusieve monogamie. Men kan erover speculeren dat het feminisme het taalgebruik in dit aspect veranderd heeft."[2]

Zielsverbondenheid

Als we het huwelijk instappen, terwijl we seks hebben gehad met meerdere mensen, dan nemen we een vloek mee ons huwelijk in omdat we gerebelleerd hebben tegen God. Ook dragen we een verband met de ziel van elke persoon mee waar we seks mee hebben gehad, zielsverband genaamd.

Tijdens seksuele intimiteit is er een gezamenlijke overdracht op het emotionele en spirituele vlak waardoor je ziel een connectie maakt met die andere persoon, die bij je blijft ook als je bij elkaar vandaan bent. Dit kan resulteren in het bij je dragen van lust, boosheid, onzekerheid, verwarring enz. in je huwelijk. Ook andere zaken als schuld, een diep verlangen naar die andere persoon, vergelijking met je huidige partner, en afkeer die je ervan weerhouden je volledig open en kwetsbaar op te stellen naar je vrouw. Beide personen in het huwelijk moeten met deze complexe zaken afrekenen die in hun relatie naar boven komen en die zorgen voor extra uitdagingen om hun diepe gewortelde emotionele stress uit te zoeken. Hoe ga je om met alle spijt, schuld, afgrijzen, afwijzing, veroordeling en fysieke consequenties als herpes, aids en ongeplande zwangerschappen?

Neem als experiment een glas vers schoon 'maagdelijk' water. Doe dan zes druppels gekleurd water in het glas. Het resultaat is een vervuilde vloeistof, niet zoals het origineel, omdat het nu uit zes verschillende ingrediënten bestaat. Op een bepaalde manier zijn wij als dat glas, en dragen we delen van zes andere personen mee in onze emotionele container.

Hetzelfde als je in vaak contact bent gekomen met pornografie, dan wordt je vastgehouden door de geest van lust, naar die ervaringen. Hoe? Welnu, een zielsverbondenheid ontstaat op elk moment dat je mentaal en emotioneel gebonden bent aan een tijd, plaats, ervaring of relatie uit het verleden. Hierdoor wordt je constant terug geworpen in het verleden met je denken, emoties, en verlangens naar die 'plek'. Het is de baas over je. Je kunt jezelf niet volledig geven, in puurheid, aan de Heer of aan je partner totdat, door de kracht van God, en consequente goede keuzes, je vrij gezet wordt. Als je dit persoonlijk mee hebt gemaakt dan moet je berouw tonen tegenover God en het gebed bidden dat achterin dit hoofdstuk staat. In latere hoofdstukken zal ik meer vertellen over het verlost worden van verslavingen.

Het is tijd om onze zelfzuchtige verlangens opzij te zetten, ons kruis op te nemen en "nee" te zeggen tegen alles wat tegen de wil van God ingaat en om onze morele waarde en grond terug te veroveren.

Dat is de reden waarom David Salomon de opdracht gaf om de geboden, onderwerping en getuigenissen van God te houden. Er moet een scheidslijn zijn die de tand des tijds kan weerstaan, wat mensen er ook van denken. Die lijn is voor ons het Woord van God. Om ons verder te beschermen geloof ik dat we groepen nodig hebben waar we rekenschap aan afleggen , andere mannen waar we mee kunnen praten om ons te helpen op het rechte pad te blijven. Ik droom ervan om 'Mannen van Eer' groepen te starten die elke maand om die reden bij elkaar komen. In de appendix van dit boek wijd ik meer over deze visie uit.

2. Gerechtigheid bewaren

We kunnen alleen rechtvaardig worden door God, door onze acceptatie van en overgave tot Jezus Christus als onze Heer en Redder. In Hem zijn we gereinigd van al onze zonden en zijn we gerechtvaardigd. Dan zijn we geroepen om te leven en een eerlijke en rechtvaardige weg te bewandelen. Dit kan omschreven worden als een Christusachtige, compromisloze, samenhangende standaard van waarden die waar, eerlijk, leven gevend en respectvol zijn.

'Rechtvaardig' zoals beschreven in String's 6662 (Tsaddiq – Grieks-Hebreeuwse definities) betekend iemand die eerlijk, helder, schoon; een persoon die gekarakteriseerd word door eerlijkheid, integriteit en gerechtigheid in alles wat hij doet. Het suggereert ook conformiteit met het Woord van God in al zijn aspecten.

Karakteristieken van een man zijn rechtvaardigheid

A. Nederigheid

Dit kan het best omschreven worden als het volledig ontbreken van zelfgerichtheid. Het gaat niet om de wereld die rondom onze behoeftes, prestaties, meningen of wat we leuk of niet leuk vinden draait. God vind een nederig en berouwvol hart één van de meest waardevolle attributen van een man.

*Jesaja 66:2 "Mijn hand heeft dat alles toch gemaakt, zij zijn Mijn eigendom. **Toch rust Mijn oog op de man met een nederig en verslagen hart** die beeft voor Mijn woord".(Het Boek vertaling)*

*Micha 6:8"Nee, natuurlijk niet! De Here heeft u laten weten wat goed is en wat Hij van u verwacht. Hij wil niet anders dan dat **u eerlijk en rechtvaardig bent en uw best doet liefde te bewijzen en als een nederig mens leeft met uw God".*** *(Het Boek vertaling)*

Nederigheid is ook het volledig afwezig zijn van arrogantie, wreedheid, agressiviteit, koppigheid en een kritische houding. Als we mensen op die manier behandelen, gaan we volledig tegen Jezus Christus in en geven we 'heerschappij' aan deze houdingen in ons leven in plaats van het ons laten leiden door de Geest van God.

Nederigheid zal getest worden door onze hartsgesteldheid. Het is een houding die ernaar zoekt anderen te dienen met het unieke talent dat God je gegeven heeft, in Zijn eer. Het betekend niet dat je een deurmat moet zijn. Het is een geest van lijdzaamheid, geen zwakheid. Lijdzaamheid is een kracht onder controle van God, om standvastig te zijn en een verschil in deze wereld te maken.

*Spreuken 18:12 "Wie hooghartig is, komt ten val, maar **nederigheid wordt altijd gevolgd door eer".*** *(Het Boek vertaling).* Trots of arrogantie komen voor destructie. Alleen zij met een nederige geest kunnen diegenen om hem heen echt eren en in rechtvaardigheid wandelen.

B. Dienstbaarheid

Dit is de bereidheid om manieren te zoeken om je dienstbaar op te stellen tegenover je vrouw, familie, kerk enz. Onze houding moet zijn, "Waar heb je behoefte aan en hoe kan ik daarbij helpen?" en niet, "Dit zijn *mijn* behoeftes. Waarom vervul je ze niet?" *Grootsheid vind je niet in hoeveel mensen jou dienen, maar in hoeveel mensen jij dient.*

Kijk naar Moeder Theresa. Zij gaf haar leven aan hulpbehoevenden in Calcutta en vond 'grootsheid' in de ogen van God en de wereld daarvoor terug. Echtgenoten verwachten van hun vrouw en kinderen om hen te dienen en worden dogmatisch en geïrriteerd als ze op welke manier dan ook even tegenstribbelen. God heeft ons geroepen om te leiden, om een voorbeeld van dienstbaarheid in de familie te zijn. Wij zetten de toon en het gedrag in onze familie door het dienstbaar hart van Christus te weerspiegelen. Als je dat doet zul je een volledige transformatie in je familie gaan zien.

C. Waarheid

1 Johannes 1:5-7"Wat wij van God gehoord hebben en hierbij doorgeven, is dit: God is licht en er is in Hem geen spoor van duisternis. Als wij dus zeggen dat wij bij Hem horen, maar in het donker leven, **liegen wij. Wat wij zeggen is niet waar.** *Maar als wij in het licht van God leven, zoals Hijzelf in het licht is, dan zijn wij één met elkaar en wast het bloed van Zijn Zoon Jezus ons schoon van al onze zonden." (Het Boek vertaling)*

De woorden 'waarheid' en 'licht' zijn allebei gerelateerd aan de definitie van wie God is. Als je in Waarheid loopt, loop je in het Licht, en in het Licht lopen is met God lopen.

Johannes 14:6 "Ik ben de weg, de waarheid en het leven,"antwoordde Jezus, "Ik ben de enige weg tot de Vader." (Het Boek vertaling)

Psalm 43:3 "Stuur Uw licht en Uw waarheid om mij te begeleiden. Laten zij mij naar Uw heiligdom en naar Uw woningen brengen" (Het Boek vertaling)

Waarheid is de basis van ons vertrouwen in ons huwelijk. Als je vrouw de waarheid van je woorden en daden in twijfel trekt, zal het voor haar heel moeilijk zijn om je te vertrouwen en een huwelijk zonder vertrouwen eindigt in jaloezie, vrees, angst en verdeeldheid.

Eer en waarheid in zaken doen

Mannen van Eer kan men vertrouwen door hun onuitputtelijke drang om altijd in waarheid te wandelen voor wat betreft hun relaties, financiën en zakelijke overeenkomsten.

Jaren geleden was de basis van elke overeenkomst: "Mijn woord is mijn verbond" en belangrijke overeenkomsten werden bezegeld met een handdruk. De vader van Lindah was in de jaren zeventig effectenhandelaar en ik herinner mij hoe hij vertelde dat hij zaken deed voor miljoenen dollars puur op het woord van een persoon of een handdruk. Dit resulteerde in een grote efficiency, lage kosten en effectieve zakelijke transacties.

Tegenwoordig moet elke zakelijke overeenkomst opgemaakt worden door advocaten met stapels documenten. Er zijn niet alleen ontzettend hoge wettelijke kosten mee gemoeid, maar ook kosten door vertraagde transacties en het verlies van productieve tijd.

Mannen van Eer zetten zich ervoor in om met alle overeenkomsten te handelen met financiële integriteit en waarheid. Hoe tragisch is het niet als mensen al hun spaarcenten, pensioenfondsen en zuur verdiende geld in bedrijven stoppen, om er jaren later achter te komen dat door corruptie en fraude, al het geld verdwenen is. Ik heb dit persoonlijk meegemaakt, toen ik mijn pensioengeld in een genoteerd financieel instituut had gestopt die onder curatele gesteld werd wegens verregaande corruptie. De directeur pleegde zelfs zelfmoord en liet een spoor van bedrog en verwoesting achter. Deze verhalen zijn tegenwoordig aardig normaal geworden.

Eer in je financiën en tijd

Mannen kunnen grote daden doen, bedrijven leiden, bergen verzetten en zelfs naties besturen, maar een "lakmoesproef" voor eer is wat ze doen met de euro in hun portemonnee. Hoe we met ons geld omgaan laat zien wat er zich in ons hart afspeelt. Als geld onze god is, dan is dat wat we eren en zullen we daar al onze tijd en energie insteken om het te krijgen. Als je jou geld aan auto's en duur speelgoed uitgeeft, dan is dat wat je eert.

Als we ervoor kiezen om God eigenaar te maken van al ons geld en weelde en ons realiseren dat we 'rentmeester' zijn van alles wat Hij ons gegeven heeft, dan zullen we Hem eren en keuzes maken onder leiding van Zijn Heilige Geest. *Spreuken 3:9 "Vereer de HERE met wat je bezit en geef Hem Zijn deel van je inkomsten" (Het Boek vertaling)*

Deuteronomium 8:17-19 "Hij deed dat opdat u nooit zou denken dat het uw eigen kracht en macht was die u in staat stelden zover te komen. Vergeet nooit dat de HERE, uw God, u de kracht geeft rijk te worden en

Hij doet dat om Zijn belofte aan uw voorouders na te komen. Maar als u de HERE, uw God, de rug toekeert en in Zijn plaats andere goden aanbidt en slechte wegen bewandelt, zult u zeker sterven."

Als we God eren als diegene die ervoor zorgt dat we rijkdom kunnen aantrekken, en eigenaar worden van deze zaken, dan zullen we genereus geven om Zijn Koninkrijk te bouwen en het uitgeven, investeren en handelen met geld met een juiste hartsgesteldheid, eerlijk en trouw.

Gods belofte is,"Dan zullen uw schuren overvloedig gevuld zijn". God roept ons op om Hem uit te testen, want als we Hem eren door de manier waarop we met geld omgaan, dan zal Hij de hemelsluizen openen en een stroom van zegen over ons uitstorten. (Vrije vertaling Maleachi 3:10 (Het Boek vertaling)

We hebben mensen nodig die we kunnen vertrouwen, die opstaan in zaken en weer een hoge morele grond vaststellen, mensen die "Nee!" durven zeggen tegen omkoping, hebberigheid, misleiding en corruptie. We hebben mensen nodig die niets uit egoïstische motieven doen wat anderen verlies en pijn geeft. Als je goederen en diensten koopt, of een lening afsluit, zorg er dan voor dat je op tijd aflost. Het niet op de afgesproken tijd afbetalen brengt oneer over je. Koop niet meer dan je kunt betalen, dat is hebberigheid. Als je in problemen komt, bel die mensen dan op en bespreek de mogelijkheden. Laat zien dat je ten allen tijden betrouwbaar en eerbaar bent.

We moeten ook eerlijk en eervol zijn in het vervullen van onze verantwoordelijkheden naar onze baas toe. Hoeveel tijd ben je bijvoorbeeld bezig met het telefonisch behandelen van personeelsaangelegenheden tijdens werktijd? Hoeveel tijd verspil je alleen al met het chatten met vrienden op skype of facebook en bekijk je jou "forward"emails? Het is oneervol tegenover je werkgever als je het tijdens werktijd doet. Het gebruik van bedrijfsmiddelen, brandstof of hoe je de onkostendeclaraties invult, alles komt in de vergelijking.

Kracht van vertrouwen

In zijn boek, "The Speed Of Trust (de snelheid van vertrouwen)", zegt Stephen H.R.Covey[3]:

- Niets is zo snel als de snelheid van vertrouwen
- Niets is zo bevredigend als een relatie in vertrouwen
- Niets is zo inspirerend als een uitreiking van vertrouwen
- Niets is zo winstgevend als een economie van vertrouwen
- Niets is meer invloedrijk als een reputatie van vertrouwen

Hij gaat verder met het omschrijven hoe hoog vertrouwen is, er is meer efficiency in transacties wat resulteert in lagere kosten en hogere winst. Daarentegen, als het vertrouwen laag is, is de snelheid van transacties lager, wat resulteert in hogere kosten en lagere winst.

Ga eens na hoeveel tijd en geld tegenwoordig verloren gaat bij alle controlepunten op luchthavens wereldwijd, omdat mensen niet te vertrouwen zijn!

Tenzij Eervolle Mannen opstaan in regeringen, gezondheidsdiensten, onderwijs, bedrijven, kunst, media en alle andere gebieden van de samenleving, is het vooruitzicht een duur leven, meer criminaliteit, armoede, ziekte en wereldwijde onrust en zelfs het totale instorten van sociale voorzieningen.

3. Wandel in trouw

Psalm 25:10 "Als wij Hem dan gehoorzamen, zal elk pad waarop Hij ons leidt, getooid zijn met Zijn liefdevolle goedheid en waarheid" (Het Boek vertaling)

God wordt in de bijbel omschreven als een God van standvastige liefde en trouw, twee karaktertrekken die ook in ons aanwezig dienen te zijn.

Samuël 26:23 "De HERE zal aan ieder zijn goedheid en trouw vergelden" (Het Boek vertaling)

Trouw is een vaste, onvoorwaardelijke belofte om:

- God te eren in al je gedachten, woorden en dingen die je dagelijks doet, omdat je Hem dient en Zijn doel voor je leven.
- Hou van, koester en eer je vrouw ten allen tijden
- Eer en hou van je kinderen en familie; plaats hen boven al je andere verplichtingen en interesses
- Bewaar integriteit, waarheid, verantwoordelijkheid en toewijding in al je zaken
- Wees betrouwbaar in al je gedachten, woorden en acties

Op het gebied van huwelijk zorgt eer voor duidelijke grenzen:

* Ik zal niet tegen mijn vrouw liegen
* Ik zal me niet inlaten met welke vorm van pornografie dan ook, hetzij via het internet, films, of bladen
* Ik zal geen intieme relaties of persoonlijke vriendschappen aangaan met andere vrouwen. Ik zal geen andere vrouwen in mijn eentje ontmoeten, op geen enkele manier.
* Ik zal mijn vrouw verbaal niet mishandelen door voortdurend kritiek te geven, sarcastisch te zijn, of boos en hard in mijn woorden te zijn.

Ik heb eens een stel begeleid wiens huwelijk in een crisis verkeerde. De man sprak continue op een beschamende manier, waardoor zijn vrouw zich verbaal mishandeld voelde. Zijn antwoord was dat hij haar in elk geval niet fysiek mishandelde! Ik vertelde hem dat hij zijn mond als vuist gebruikte, en het misbruik in feite net zo erg was, zo niet erger.

Mannen van Eer moeten continue op zoek zijn naar manier om het zelfvertrouwen en eigenwaarde van hun vrouw op te bouwen. Je vrouw moet zich veilig en beschermd voelen in jou bijzijn. Ze moet je motivaties volledig kunnen vertrouwen en zich op haar gemak voelen bij je. *Trouw creëert vertrouwen; vertrouwen creëert harmonie en vrede in je relatie en dat resulteert in zegeningen en voorspoed in jullie levens.*

Er is moed voor nodig om 'een Man van Eer' te zijn en op te staan tegen corruptie, hebzucht, misleiding en compromissen van de goddelijke moraal in deze wereld. De roep van vrouwen en kinderen die het meeste lijden, is bijna oorverdovend door hun wanhoop.

De roep is voor mannen om op te staan, de heuvel in te nemen, moreel hoge grond te creëren en rechtvaardigheid, trouw en waarheid vast te houden. Mannen van Eer bouwen vertrouwen waardoor er harmonie, vrede en geluk ontstaan en deze wereld een veiliger plek wordt voor iedereen om in te leven en gezegend te zijn.

1   Gebed door Pastor Joe Wright (Internet)
2   Wikipedia Commentary (Internet)
3   "The Speed Of Trust" Stephen H.R. Covey (Simon & Schuster)

Het is tijd om de vlag te hijsen

Persoonlijke reflectie

Meditatie op 1 Koningen 2:1-3

1	Waarom is er moed voor nodig om een man te zijn?

2	Welke compromissen heb jij wel eens gesloten op morele hogere grond ?

3	Welk uur van verleiding ben je tegengekomen of ben je aan onderworpen?

Gebed voor het breken zielsverbanden

Indien mogelijk bidden met een spirituele leider (Geestelijk Vader)

Vader God ik vraag om Uw vergeving van mijn seksuele bezigheden buiten het huwelijk. Vergeef me dat ik de vrouwen met wie ik seks heb gehad beschaamd heb en hen heb laten zondigen tegen Uw Woord. Ik wil vragen of U mij wilt schoonwassen met het bloed van Jezus en de 'zielsverbanden' die tussen mij en deze vrouwen bestaat te verbreken. Ik heb berouw en neem verantwoordelijkheid voor de geesten van verleiding, lust, boosheid, verwarring, afwijzing (of elk ander gevoel dat bij je opkomt), waar ik toegang toe heb gegeven of die overgegaan is op mij, emotioneel en spiritueel. Vader ik vraag ook of U de vloek die op mijn leven ligt verbreekt en deze vloek die generatie op generatie doorgaat te stoppen zodat het niet op mijn kinderen terecht komt – in Jezus naam. AMEN

Punten voor groepsdiscussie

1   Welke morele hogere grond moeten we in de maatschappij terug
    winnen?

2   Praat over het gebed van Pastor Wright.

3   Lees *Mattheüs 16:24-26* en bespreek dit.

4   Op welke manier bouwen de volgende punten vertrouwen in onze
    relaties en zakendoen?

    • Rechtvaardigheid
    • Nederigheid
    • Dienstbaarheid
    • Waarheid

5   Deel individueel welke heuvels of bergen jij moet overwinnen om
    op verschillende gebieden in je leven een morele hogere grond te
    winnen. Bespreek het begrip van 'het uur' dat de wereld kan
    veranderen.

6   Bespreek:
    Vertrouwen creëert trouw, trouw creëert harmonie en vrede in je
    relaties en dat resulteert in zegeningen en voorspoed in jullie
    levens.

7   Bid voor genade en moed voor elk persoon om de wereld in te
    gaan en zijn heuvel of berg in te nemen.

Hoofdstuk 5

Een doel om voor te leven en te sterven

Ik werd behoorlijk uitgedaagd door de film *Braveheart*. William Wallace was teruggegaan naar zijn geboortestad om in het huis dat zijn vader achtergelaten had te gaan wonen. Hij had besloten dat het tijd was geworden om zich te vestigen, een beetje landbouw te doen en onderdeel te zijn van het dorpsleven. Hij ontdekt dat de mensen daar in de ban zijn van de heersende gouverneur in dat gebied, die continue hun dorp overvalt en de oogsten in beslag neemt. Deze gouverneur die handelt in opdracht van de koning, vaardigt dan een wet uit dat vanaf dat moment, alle vrouwen die gaan trouwen op de avond voor het huwelijk de nacht met hem door moeten brengen. Door hem zouden zij hun zuiverheid verliezen, de avond voor hun huwelijk.

Ondertussen krijgt William een relatie met een mooie vrouw in het dorp en ze trouwen in het geheim. De volgende dag proberen soldaten de vrouw van William te verkrachten. Hij valt de soldaten aan, en in de veronderstelling dat ze is ontsnapt, haast hij zich naar een veraf gelegen bos. Zij is echter gevangen genomen en op wrede wijze vermoord door de gouverneur omdat ze weerstand bood tegen zijn soldaten.

Hierdoor is William woedend geworden en valt de soldaten aan en overwint ze, en dan vermoord hij de gouverneur. Daarna valt hij andere kastelen aan en stuurt een aantal soldaten terug naar de koning van Engeland met deze boodschap:"De dochters en zonen van Schotland zijn niet meer van jou, Schotland is nu vrij." Op een gegeven moment in de oorlog, staan zijn landgenoten tegenover het machtige leger van Engeland en beginnen ze te twijfelen of ze het gevecht ooit kunnen winnen. William antwoord dapper, "We kunnen dat, en we gaan winnen!"

Uiteindelijk wordt hij gevangen genomen en krijgt de keuze tussen zich onderwerpen aan de koning of de dood. Hij antwoord:"**Alle mensen sterven, een paar leven maar echt.**" William Wallace neemt 'de taak' op zich om terug te slaan tegen tirannie en onderdrukking door de machten van Engeland, en zijn volk weer vrij te zien. Het is een doel, waard om voor te leven en voor hem, een doel om zelfs voor te sterven.

Toen ik keek hoe deze tragische scene zich ontvouwde, dacht ik,"O, God wat verschrikkelijk, gelukkig hoeven stellen die nu trouwen niet zo'n tragedie mee te maken, dat de maagdelijkheid van de vrouw van haar gestolen wordt voordat ze gaat trouwen." Ik voelde toen dat de Geest van God tegen me zei:"Maar dat is precies wat er heden ten dage gebeurt!." Mannen jagen jongen vrouwen na met elk excuus dat ze kunnen verzinnen om ze over te halen seks met ze te hebben. Geld, auto's, dure cadeaus, feesten, alcohol en zelfs drugs worden gebruikt om te krijgen wat ze willen. Ze zijn zelfs bereid een onsterfelijke liefde te verklaren om hun lusten te vervullen.

Zeer weinig vrouwen trouwen in de huidige maatschappij als maagd. Mannen onteren vrouwen ook al weten ze dat hun toekomstige echtgenoten ergens rondlopen, wachtend op hun 'pure en smetteloze' bruid. We leven niet meer in de dagen van tirannie zoals die van William Wallace, maar de motieven en de intentie is er nog steeds,"ik neem wat ik kan voor mijn eigen egoïstische plezier." Misleiden, het hof maken, stelen, liegen, wat maar nodig is! Ik geloof dat we dit kwaad uit moeten dagen met net zoveel passie en toewijding als William Wallace had. Mannen van Eer moeten opstaan en *"Nee"* zeggen tegen de vereeuwiging van deze kwade praktijken die de waardigheid en eigenwaarde van vrouwen vernietigd en hun toekomstige huwelijk potentieel kapot maakt. We moeten vrouwen met eer en respect behandelen. We moeten hen beschermen als waardevol en kostbaar en hun vertrouwen, geloof en hoop in mannen herstellen. Het is een doel om voor te leven en indien nodig, om voor te sterven.

Laat me benadrukken dat er **geen liefde zonder eer** is. Je kunt een vrouw niet vertellen dat je van haar houd terwijl je haar probeert te verleiden, manipuleren of onder druk zet om seks met je te hebben voor het huwelijk. Dat resulteert erin dat zij zich gebruikt voelt, afgewezen, pijn, schuld en diepe schaamte. Eer zal een vrouw nooit het gevoel van pijn geven of het zich blootgesteld voelen. Eer is het fundament van liefde. Het beschermt, koestert, onderhoud, heeft lief en is opbouwend ten allen tijden.

Laat ons het verschil maken en stoppen met excuses verzinnen

Op weg naar het kruis moest Jezus de opofferingen tellen. Hij wilde de morele hoge grond innemen, de kracht en vloek van de zonde breken en mensen vrij maken van tirannie en kwaad. In Mattheüs 4 zien we hoe Jezus door de Geest de wildernis in geleid werd om te vasten en te bidden en uitgedaagd te worden door de duivel. Na 40 dagen moest Hij toch wel hongerig zijn en zwak, dat weet ik zeker. De duivel probeert Jezus voor hem te laten knielen met valse beloften. Jezus wordt verleid om een compromis te sluiten met Zijn roeping, om het beste voor 'zichzelf' eruit te halen, God te verloochenen en kracht te ontvangen van de duivel. Maar tegen dit alles zei Hij:"*nee!*".

Wat als Hij aan de verleiding toegegeven had en besloten had dat Hij het kruis en alle pijn die Hij zou moeten lijden niet zou kunnen verdragen, en vooral de scheiding van Zijn Vader?

Wat als....

- Abraham had gezegd dat hij zijn familie en land niet wilde verlaten toen God hem opriep om naar een nieuw land te gaan dat Hij hem zou laten zien?
- Mozes besloten had niet naar de farao te gaan?
- Jozua vastgehouden had aan zijn angst en de Israëlieten niet aangevoerd had om Jericho te veroveren en het Beloofde Land in te gaan?
- David Goliath alleen als 'reus' had gezien en God niet vertrouwd had dat hij Goliath kon doden, ook al had hij alleen maar een slinger en vijf stenen?
- Mensen als John Wesley, Moeder Theresa, Billy Graham en Nelson Mandela op hun missie teruggekomen waren?
- Jij en ik niet opstaan en voor het doel vechten dat God ons gegeven heeft?

Succes of overwinning voor de toegewijden begint waar de meeste mensen opgeven!

Hebreeën 11:32-39 "Moet ik hiermee doorgaan? Ik zou tijd tekort komen als ik de ervaringen van Gideon, Barak, Simson, Jefta, David, Samuël en de profeten moest vertellen. Omdat zij op God vertrouwden, hebben zij koninkrijken onderworpen en rechtvaardig geregeerd en kregen zij wat God hun had beloofd. Zij hebben de muil van de leeuwen toegesloten. Het vuur had geen vat op hen en zij zijn aan het zwaard ontsnapt. Toen zij zwak waren, hebben zij kracht gekregen. In de oorlog werden zij zo sterk dat hele vijandelijke legers de aftocht moesten blazen. Vrouwen kregen hun geliefden uit de dood terug. Anderen die op God vertrouwden, werden doodgeslagen, zij wilden liever sterven dan God de rug toekeren, omdat zij wisten later een beter leven te krijgen. Weer anderen werden bespot en afgeranseld en te slotte geboeid in de gevangenis geworpen. Zij werden gestenigd, doormidden gezaagd of met het zwaard gedood. Zij zwierven rond in schapenvachten en geitenvellen, door woestijnen en in de bergen. Zij moesten in grotten en holen wonen, zij leden gebrek en werden vervolgd en mishandeld. Zij waren te goed voor deze wereld. Al deze mensen zijn bekend geworden omdat zij op God vertrouwden. Zij hebben echter niet gekregen wat God hun had beloofd."(Het Boek vertaling)

De mannen waarvan gezegd wordt dat ze *"te goed waren voor deze wereld"* deden het voor onze erfenis, voor ons voordeel. Een daad van totale onzelfzuchtige zelfopoffering, hun heuvel beklimmend en hun vlag hijsend terwijl ze moreel hogere grond innamen.

Wij leven echter in een wereld waar mannen hun emoties niet onder controle kunnen houden, hun mond kunnen bedwingen of de pornografie op het internet uit kunnen zetten. Ze kunnen niet stoppen met klagen, bekritiseren, mopperen of hun irritatie en boosheid tegenover hun geliefden tegenhouden. Mannen kunnen 's morgens niet opstaan en tijd voor God nemen, en richting krijgen voor de heuvels die zij in moeten nemen. Sommigen kunnen zelfs hun huis of auto niet schoon houden!

Een man kwam voor huwelijkscounseling, hoewel het meer een mededeling was dat hij zijn vrouw ging verlaten omdat hij "niets meer voelde". Zijn vrouw en kinderen waren volledig overstuur en gebroken, maar hij *voelde niets* meer!

Hier is wat wereldschokkend nieuws....er bestaan geen zachte gevoelens op weg naar de top van je heuvel. Jezus zweette bloed op Zijn weg naar het kruis. Het zijn alleen de mannen, die in hun hart bewogen zijn voor God, aangedreven door een doel om voor te leven en te sterven die de heuvel in kunnen nemen; mannen die hun leven willen geven om hun Vlag van Eer te hijsen voor hun familie, team en natie.

Misschien denk je dat je niet goed genoeg bent, of dat je heuvel te hoog is. Misschien wordt je teruggehouden door de zonden en schuldgevoelens van je 'verleden'. In nederigheid en berouw zijn we vrijgezet van al deze fouten uit je 'verleden'. God roept ons op om op te staan, 'vandaag' te pakken zodat we onze 'morgen' kunnen veranderen.

God stelt hen aan en rust hen uit om nederig en welwillend van hart zijn.

"Het enige dat het kwade nodig heeft om te overwinnen.......is dat goede mannen niets doen." Edmund Burke

Het is tijd om te stoppen met excuses maken voor je daden en de wereld waarin we leven. Het is tijd om het verschil te gaan maken!

Het is tijd om de vlag te hijsen

Persoonlijke reflectie

1. Wat is het 'doel' of de passie waar je voor leeft?

2. Hoe gepassioneerd denk je over:
    - Leven om je geliefden te eren
    - Trouw zijn aan je commitments en beloften
    - Eervol en in waarheid leven

3. Heeft God je wel eens voor iets geroepen om te doen dat groter was dan jezelf?

4. Heb je die roep beantwoord?

Punten voor groepsdiscussie

1. Bespreek de 'wat als' mogelijkheden op de vorige pagina

2. Lees *Hebreeën 11:32-39*
    Bespreek wat je emotionele reacties hierop zijn.

3. Welk gebied in je leven beantwoord aan de opmerking van Edmund Burke?

4.   Op welke gebieden maak je excuses om je met bepaalde dingen
      niet in te laten?

5.   Deel op welk gebied je voelt dat God wil dat je betrokken raakt om
      een verschil te maken. Wat zijn de eerste stappen die je kunt
      nemen?

6.   Bid voor elkaar.

Hoofdstuk 6

"Wandel waardig" voor je doel

Nadat hij deze plaats of positie in de eer van Christus gekregen had, gaat Paulus in Efeziërs 4 de 'uitdaging' aan om op een dusdanige manier te wandelen of te leven die waardig hieraan is.

*Efeziërs 4:1 "Ik zit gevangen omdat ik de Here dien **en vraag u dringend te leven zoals past bij mensen die door de Here geroepen zijn**. (Het Boek vertaling)*

In vers 17 zegt Paulus dat het tijd is om te stoppen met het leven op de manier zoals we dat gewend zijn.

Efeziërs 4:17-32 "Ik zeg u dit met nadruk en ik spreek namens de Here: leef niet langer als mensen die Gods wil niet kennen, want die zijn verblind en verward. In hun hart is het helemaal donker. Zij staan ver van het leven van God, omdat zij niets van Hem willen weten en Hem niet willen begrijpen. Het kan hun niet schelen of iets goed of slecht is. Zij trekken zich nergens iets van aan en worden voortgedreven door hun slechte gedachten en wilde begeerten. Maar zo hebt u Christus niet leren kennen! Als u werkelijk Zijn stem hebt gehoord en Hij u de waarheid over Zichzelf heeft bekendgemaakt, moet u uw oude menselijke natuur als oude kleren uittrekken, uw vroegere manier van leven die ten gronde gaat aan bedrieglijke begeerten. Uw denken moet grondig vernieuwd worden. Sterker nog, u moet een heel nieuw mens worden die alleen voor God leeft, zuiver en goed. Trek een nieuwe natuur aan als een stel nieuwe kleren. Houd op met liegen. Vertel elkaar de waarheid, want wij horen bij elkaar en zijn dele van hetzelfde lichaam. Als u kwaad bent, laat dan geen wrok in uw hart opkomen, want dan zondigt u. Zorg ervoor dat u uw boosheid voor het einde van de dag weer kwijt bent. Geef de duivel geen schijn van kans. Wie een dief is, moet ophouden met stelen. Steek liever uw handen uit de mouwen en verdien eerlijk uw eigen brood. Dan kunt u nog eens iemand helpen die gebrek heeft. Laat er ook geen vuile taal uit uw mond komen, dat doet alleen maar kwaad. Zeg op het juiste moment het juiste woord, iets dat de mensen helpt en goed doet, zodat zij genade ontvangen. Doe de Heilige Geest geen verdriet, Hij staat immers borg voor u tot de dag van de volle bevrijding komt. Doe alle wrok, woede en haat uit uw eigen leven weg. Vloek niet, maak geen ruzie en beledig elkaar niet. Vermijd alles wat slecht is. Wees in plaats daarvan vriendelijk en liefdevol voor elkaar. Vergeef elkaar, zoals God uw zonden heeft vergeven om wat Christus voor u deed." (Het Boek vertaling)

Stap weg van schaamte, omarm 'eer'

- **Leef niet langer** voor pleziertjes, of uitvoering van wat voor soort van onzuiverheid dan ook, Pornografie, seksuele fantasieën, masturbatie en andere vormen van verslavingen zijn lustvolle pleziertjes die de levens van mannen vernietigen. Dat is niet wat we van Christus geleerd hebben, die Zijn leven gaf om ons vrij te zetten van een schaamteloze levensstijl en onze 'eer' te herstellen.

- **Gooi** je oude zondige natuur **van je af**, en je voormalige manier van leven die bol stond van lust en verleiding.

- **Stop** met het vertellen van leugens. Liegen tegen anderen in welke vorm dan ook leid tot teleurstelling en vernietiging van je leven. Satan loog tegen Adam en Eva en hierdoor viel de mens. Stop met boos worden, het geeft het kwaad houvast. Stop met stelen, werk liever hard en geef gul aan anderen. Gebruik geen schunnige of kwetsende taal; zorg er liever voor dat je woorden bemoedigend werken voor hen die ze horen.

- **Laat gaan** alle bitterheid, woede, boosheid, harde woorden en laster, alsook alle vormen van kwaadaardig gedrag.

Paulus gebruikt expliciete woorden: *leef niet langer, gooi van je af, stop en laat gaan.* Met andere woorden, neem controle over je leven; begin met het baas zijn en regeren over je eigen leven want niemand anders kan dat vóór je doen. Ze kunnen je helpen, voor je bidden en je leiden maar ze kunnen je gedachten, emoties, houding en gedrag *niet* besturen.

Spreuken 25:28:"Iemand die zichzelf niet in de hand heeft, is als een stad zonder beschermende muur." (Het Boek vertaling) Als iemand dus geen controle over zichzelf en zijn acties heeft, dan is hij als een stad zonder bescherming, en staat hij de vijand toe om te moorden, stelen en vernietigen. Op de lange termijn zal het resultaat altijd pijn en vernietiging zijn.

Ik hielp een man wiens leven en huwelijk een puinhoop was en ik deelde Efeziërs 4 met hem, en dan in het bijzonder zijn toewijding aan het afwerpen en het stoppen van de dingen in zijn leven waardoor zijn huwelijk kapot ging. Hij zei:"Misschien kan ik dit proberen, maar ik moet er even een paar dagen over nadenken." "Nee, het is geen geval van proberen, maar sterven! Begin direct, " daagde ik hem uit. We moeten dagelijks leiding nemen en zelf controle uitoefenen op onze emoties en acties, anders zullen we altijd door de vijand geplunderd worden, net als die stad met kapotte muren.

Als een skydiver uit een vliegtuig springt komt hij op het punt waarop hij aan het koord *moet* trekken om zijn parachute te openen. Hij kan er niet even over nadenken of het over een tijdje proberen....hij moet het doen, nu! Als je op de weg zit en er springt een paard voor je auto, dan heb je geen tijd om dingen te overwegen, je moet gelijk op de rem trappen anders bestaat de kans dat je het niet overleeft.

Lindah en ik gingen eens een weekendje weg in een huisje. We hadden net het eten in de keuken gezet toen er een reuze kakkerlak over de vloer rende. Lindah sprong in één beweging bovenop het aanrecht en riep, "Maak het dood, maak het dood!" Het was niet de tijd voor mij om te zeggen,"ach, laat me er even over nadenken." Het was tijd voor actie!

Deze houdingen en gewoonten vernietigen onze levens en de levens van je familie. Ze doen mensen pijn, ze zijn zondig en we moeten ze tegenover God verantwoorden. Als we dat doen kunnen we rekenen op de kracht van de Heilige Geest die ons vrij zet.

Het principe van vervanging

We zullen nooit een overwinning boeken als we alleen maar *proberen* te stoppen. We moeten het negatieve of het slechte vervangen met iets wat positief en goed is. Efeziërs 4:24 instrueert ons om "onze geest en gedachten te vernieuwen en een nieuwe natuur aan te nemen in overeenstemming met God in echte rechtschapenheid en heiligheid. "

Om bijvoorbeeld van boosheid en woede af te komen, laat dan bewust liefde, vergeving en eer gaan naar de ander in de kracht van de Heilige Geest. Als je vastzit in seksuele verslavingen, dan moet je **de kracht die**

je in deze levensstijl trekt op de volgende manier doelmatig 'onschadelijk maken' :

- Als eerste, toon berouw en loop in rekenschap met een spirituele leider waarbij je je kwetsbaar op kunt stellen en die je kan ondersteunen.
- Identificeer de 'wortel van schaamte' die de lust aandrijft. Wanneer is het begonnen? Geef deze 'wortel' aan Jezus Christus, en vraag Hem om je te bevrijden.
- Bied je lichaam, handen, ogen en gedachten aan God aan voor zijn doel en gunst.
- Wanneer je normaal gesproken porno zou kijken, zorg dan dat je bij vrienden bent die je kunnen steunen, lees motiverende boeken, ga sporten, luister naar een gelovige DVD en pas dit principe toe.

We zijn niet in staat om op eigen kracht de man van eer te *zijn* die God ons bedoelt heeft te zijn. Daarom heeft Jezus gezegd dat Hij de Heilige Geest zou sturen; de helper, de bekrachtiger, de in staat steller, om ons kracht te geven voor een goddelijk leven. We lopen dan niet in onze eigen macht en kracht maar in de kracht van de Heilige Geest die door ons stroomt, en ons in staat stelt om de negatieve emoties te vervangen met de vruchten van Zijn Geest. Dat is de 'kracht van overgave', Hem in staat stellen ons op te bouwen en uit te rusten, waardoor we alles zijn wat we moeten zijn.

Paulus gaat door in vers *2-4* over hoe 'waardig te wandelen' in de Geest van God: *"Wees nederig en vriendelijk, heb geduld met elkaar en verdraag elkaar vol liefde. Doe uw uiterste best de eenheid te bewaren die de Heilige Geest onder u tot stand heeft gebracht, door in vrede met elkaar te leven. Wij horen immers allemaal bij hetzelfde lichaam, wij hebben dezelfde Geest, wij verwachten dezelfde heerlijke toekomst, omdat God ons heeft geroepen."*

We zijn in feite allemaal onderdeel van één lichaam, het lichaam van Christus. Dus laten we al het mogelijke doen om in vrede te wandelen met een nederige en vriendelijke houding, en elkaars fouten door te vingers te zien. Het *'principe van vervanging'* of *'wandelen in de tegengestelde geest'* is een machtige kracht om verandering en groei in ons leven te bewerkstelligen. Het is de beste manier om de vernietigende emoties en gewoonten te overwinnen en genezingen herstel in relaties te brengen.

Relationele rechtvaardigheid

Colossenzen 3 bevestigd dit en geeft ons tevens krachtige principes om naar te leven op onze weg als Eervolle Man. Deze principes vertellen ons hoe we ons moeten gedragen, en waarschuwen ons hoe we ons *niet* moeten gedragen in relaties.

Vers *5-11* smeekt van ons: " Wijs alles af, loop weg van en sla alles af wat relationeel onrechtvaardig is en wat anderen kan beschamen of verwonden."

We worden aangeraden het volgende 'te doden':

- Verkeerde seksuele activiteiten: Overspel, masturbatie, pornografische stimulering, ontucht of een seksuele relatie hebben met een vrouw buiten het huwelijk wat schaamte, pijn, schuldgevoel en afwijzing in haar leven zal brengen. Een man van eer is die 'prins op het witte paard', diegene die haar beschermt en haar eigenwaarde geeft.

- Boze uitdrukkingen: zoals ik al eerder zei, woorden die een ander onteren en de eigenwaarde van een persoon naar beneden halen.
- Jaloersheid en afgunstige gedragingen.
- Hebberige verlangens.
- Roddel: je hart legen van bitterheid en kwaadheid tegenover anderen.
- Schunnige taal: waaronder vulgaire humor, en in het bijzonder godslastering door de naam van Christus ijdel te gebruiken.

Nu 'vervangen' we dit met het volgende:

Vers *12-15* moedigt ons aan om "een zorgzame levensstijl aan te nemen die anderen eert en zegent door elke vorm van relationele rechtvaardigheid toe te passen."

Kleed jezelf met eervolle kleding die het volgende uitstraalt:

- Tederheid: laat zachtmoedigheid en medeleven zien.
- Vriendelijkheid: bereid om te helpen en te dienen op een praktische manier.
- Nederigheid: niet onbeleefd, arrogant of verwaand.
- Lijdzaamheid: heb je kracht onder de perfecte controle van God.
- Lankmoedigheid: raak niet snel beledigd, toon geduld en begrip voor de strijd en zwakheden van anderen. De laatste woorden van Jezus waren:*"Vader vergeef ze want ze weten niet wat ze doen." Lukas 23:34*

- Vergeving: Omdat Christus zelfs ons vergeven heeft, zo moeten wij vergeven.

- Heb lief: onvoorwaardelijke, opofferende liefde die je samenbind.

- Vrede: laat de vrede van God in je hart heersen.

- Dankbaarheid onder alle omstandigheden. Prijs en bemoedig elkaar voortdurend in plaats van constant elkaars fouten op te zoeken en elkaar te bekritiseren.

Colossenzen 4: "Wees in uw spreken vriendelijk maar beslist, om zo iedereen een goed antwoord te geven." (Het Boek vertaling)

Efeziërs 4:32:"Wees in plaats daarvan vriendelijk en liefdevol voor elkaar. Vergeef elkaar, zoals God uw zonden heeft vergeven om wat Christus voor u deed." (Het Boek vertaling)

Streef naar het bouwen van "Bruggen van liefde"

Mannen van eer, geplaatst in een 'plek van eer' moeten ernaar streven om 'Bruggen van Liefde" te bouwen met hen die dicht bij ze staan.

Het is zo gemakkelijk om de stress van het leven en de emotionele spanningen toe te laten de relatie die we met elkaar hebben te verbreken. We moeten de bedoeling hebben om bruggen van liefde te bouwen met hen waarmee we een band hebben zodat het harmonie, vrede en zegen brengt. Dit geldt voor al onze relaties, inclusief ons huwelijk, kinderen, collega's enzovoorts.

Overtref elkaar in het geven van eer

Romeinen 12:10 :"Hebt elkander hartelijk lief met broederlijke liefde; met eer de één den ander voorgaande." (Statenvertaling)

Ik denk dat dit de enigste keer is dat ons verteld wordt, min of meer, te wedijveren met elkaar, omdat dit ons ervan verzekerd dat we leven om bruggen van liefde te bouwen.

Zoek elke dag voor manieren om eer en waardigheid over te brengen:

1. Gebruik een waardige houding
2. Beantwoord in de 'omgekeerde geest'
3. Benader mensen mentaal en emotioneel
   - Laat echte interesse zien voor mensen waar je een band mee hebt
   - Neem de tijd om meelevend te luisteren
   - Prijs, complimenteer en waardeer hen voor wie ze zijn en voor wat ze doen, bij elke gelegenheid die zich voordoet. Noot: het terugtrekken van emotionele verbintenis, afhaken of negeren van hen die dicht bij je staan is één van de meest erge dingen die je op relationeel vlak kunt doen.
   - Onderbreek speciale momenten niet door de *telefoon te beantwoordden*. Één van de meest oneerbare dingen die we heden ten dage kunnen doen is de telefoon beantwoorden tijdens vergaderingen, etentjes of speciale tijd met iemand anders. Zelfs als je je excuseert voor het feit dat je 'dit telefoontje' aan moet nemen is oneervol. De boodschap die je dan geeft is:"Dit telefoontje is belangrijker dan jou!"
   - Kijk niet langs de mensen waar je mee in gesprek bent om te kijken of er iemand belangrijker is om mee te praten.
4. Als anderen bezeerd zijn, geef ze extra tijd, bereid ze een maaltijd, bied praktische hulp aan met de kinderen enzovoorts.
5. Vergroot voortdurend je vergeving naar anderen. Onrealistische verwachtingen die we van elkaar hebben

kunnen een gevoel van teleurstelling, aanstoot en veroordeling geven naar mensen toe. Veroordeling zal altijd bitterheid en afwijzing in een relatie brengen, waardoor scheiding ontstaat. Kies ervoor om vergeving een manier van leven te maken. Ik zie het graag als het vrijlaten van een *rivier van genade* die continue via ons naar anderen stroomt. Genade zal je leven veranderen en in elke relationele situatie die je tegenkomt harmonie, vrede en vreugde geven. Mijn vrouw, Lindah, en ik hebben een boek geschreven met de titel *"The power of Mercy to Change Your World"*[1] en gaat specifiek over het onderwerp van veroordeling en vergeving. Ik wil erop aandringen om dit boek te lezen.

Een natie getransformeerd

In Zuid-Afrika hebben we de verandering van apartheid naar democratie zeer sterk gevoeld. Nelson Mandela werd vrijgelaten uit de gevangenis nadat hij onterecht 27 jaar had vastgezeten. De meeste mensen hielden rekening met vergelding en een mogelijk bloedvergieten toen het Afrikaans Nationaal Congres het bestuur van het land had overgenomen. Mandela echter koos ervoor om te vergeven en een 'Brug van Liefde' voor onze natie te bouwen naar onze nieuwe toekomst. Hij stond op als een Man van Eer, legde zijn bitterheid naast zich neer die haat en vergelding had kunnen veroorzaken, en leidde de natie op een reis van vergeving, via een brug van liefde, naar vrijheid.

Relationele gerechtigheid in zaken doen

Het grootste bezit van elk bedrijf zijn de mensen. Op elk moment dat we onze zaak aan het uitbouwen zijn hebben we te maken met mensen op verschillende niveaus. Er zijn mensen waar we de verantwoording over dragen, mensen op hetzelfde niveau en mensen waaraan we verantwoording moeten afleggen. Leiders zullen altijd voor de uitdaging staan om hun mensen te begeleiden naar persoonlijke en bedrijfsmatige doelen. Om je doelen te halen moet je van tijd tot tijd evalueren. In deze onderhandelingen hebben we de keus om te eren, afstandelijk te blijven of een voortdurende focus op zwakheden te leggen. Ik stel voor dat je als een Man van Eer het volgende aanhoud:

- Zorg dat de verhouding tussen complimenten en corrigeren 10:1 is. Het is makkelijk om de nadruk op iemands zwakheden en fouten te leggen en hun sterke en positieve punten te negeren. Door hen te eren in hun inspanningen bouw je een basis waarop correcties positief ontvangen worden en er ook wat mee gedaan wordt.

- Geef ze altijd hun waardigheid als persoon en als lid van het team, privé en openlijk. Dat betekend dat je nooit denigrerend of vernederend over hen spreekt. Als we iemand bekritiseren of naar iemand schreeuwen, in het bijzonder in het bijzijn van anderen, dan kleineren we ze.

- Manipuleer nooit anderen door je macht vanuit je positie te misbruiken voor eigen doeleinden, men zal zich gebruikt, misbruikt en haatdragend gaan voelen.

- Straal medeleven en zorgzaamheid uit naar hen en hun omstandigheden. Als een persoon zich niets meer dan een 'object' voelt in je bedrijf dan zal men nooit tot het volledige potentieel uitgroeien. Als ze weten dat je er wel om geeft, dan zullen ze eerder hun best gaan doen.

- Laat blijken dat je eer en waardering voor de persoon is, en niet voor hun prestaties .

- Eer de tijd voor familie van je werknemers. Deadlines halen en projecten afsluiten zijn een realiteit voor het bedrijf, wat overwerk eist of dat er werk mee naar huis genomen wordt. Dit moet echter een uitzondering zijn en niet 'een manier van leven'. Na meer dan vijftien jaar therapie gegeven te hebben in het gebied van huwelijk en familie, hebben we gezien dat de productiviteit van een werknemer substantieel afneemt in tijden van een huwelijks- of familiecrisis. Een bedrijf dat zijn mensen en hun families beschermt zal financieel groeien.

De beloning van Eer

Psalm 25:12-14 "Waar is de man die ontzag heeft voor de HERE? God zal hem leren hoe hij steeds de juiste keuze kan maken. Hij mag leven onder Gods zegen en zijn kinderen zullen het land in bezit nemen. De vriendschap met God is voor hen die Hem eerbied bewijzen. Zij zullen de geheimen, verborgen in Zijn beloften, leren kennen."(Het Boek vertaling)

De Heer eren is hetzelfde als de Heer 'vrezen'. Als we Hem vrezen, eerbiedigen of aanbidden, dan eren we Hem.

Psalm 112:1-3 "Prijs de HERE! Gelukkig is ieder die ontzag heeft voor de HERE en van harte bereid is Zijn geboden na te volgen. Zijn nageslacht zal op aarde machtig worden. Alle oprechte mensen worden gezegend. De Here voorziet hen van alles wat zij nodig hebben en rijkdom wordt hun deel. Zijn rechtvaardigheid houdt eeuwig stand." (Het Boek vertaling)

De beloften in het verbond van God, waaronder voorspoed en zegen voor je familie vallen, zijn een erfenis voor hen die God in elk gebied van hun leven eren.

Geen eer, geen kracht

Toen Jezus naar Zijn thuisland ging, spotten de mensen met de wonderen die Hij gedaan had, omdat ze Hem wel 'kenden'. "Hij is maar een timmerman," zeiden ze. Jezus zei toen dat een profeet overal geëerd wordt, behalve in zijn eigen stad, en als resultaat van hun eerloze houding kon zelfs Jezus daar geen wonderen doen.

Markus 6:1-5 "Daarna vertrok Jezus met Zijn leerlingen naar Nazareth, de plaats waar Hij was opgegroeid. De volgende sabbat ging Hij naar de synagoge en nam daar het woord. Iedereen was hoogst verbaasd. "Waar heeft Hij dat allemaal vandaan?", vroeg men elkaar. "Hoe komt Hij aan die wijsheid? En hebben jullie gezien wat voor wonderen Hij doet?" Ze kwamen er niet over uitgepraat. "Dit is toch de timmerman, de zoon van Maria en de broer van Jacobus en Jozef en van Judas en Simon? En Zijn zusters wonen ook hier in Nazareth. Wat verbeeld Hij Zich wel?"Het was duidelijk dat zij niets van Hem moesten hebben.
Jezus zei:"Een profeet wordt door iedereen geëerd, maar niet door de mensen uit zijn eigen stad en ook niet door zijn familie." Omdat zij niet geloofden, kon Hij bij hen geen grote wonderen doen. Wel genas Hij een paar zieken door hun de handen op te leggen.

Als we mensen niet eren, en of dat nu gaat om je vrouw, kinderen, werknemers, leiders of collega's, we halen dan hun kracht weg en verliezen onze beloning in het proces. Ik realiseer me dat na een hoofdstuk als deze we het gevoel kunnen krijgen dat we gefaald hebben en zelfbeklag kunnen krijgen. De bijbel is er om door de Heilige Geest te overtuigen, niet om te veroordelen, zodat we God om kracht van Zijn genade kunnen vragen om onszelf te veranderen. We moeten berouw hebben, onze zonden en tekortkomingen belijden en ervoor kiezen om ons af te wenden van de oude weg en te veranderen. Ik vertrouw erop dat je enthousiast bent dat je een 'ereplaats' hebt aan de rechterhand van God door Christus en dat je er klaar voor bent om die 'bruggen van liefde' te gaan bouwen. Het is tijd om 'waardig te gaan wandelen' als Mannen van Eer, beklim je berg en plant de 'Vlag van Rechtvaardigheid' en eis zo de overwinning op voor je familie, je regiment in het leger van God en voor elke Man van Eer die aan je linkerkant en rechterkant vecht.

[1] "The Power of Mercy to Change your World" (Drummond & Lindah Robinson)

Het is tijd om de vlag te hijsen

Persoonlijke reflectie

1. Overdenk Efeziërs 4:17-32 en Colossenzen 3:5-11.

2. Maak een lijst van negatieve, destructieve emoties en gewoonten die je regelmatig hebt. Het is belangrijk om hiermee aan de slag te gaan omdat negatieve energie een op leugen gebaseerd systeem is van waaruit je reageert en handelt, wat resulteert in destructieve levensgewoonten.

3. Vraag God nu om vergeving terwijl je het stuk papier verscheurd en uitspreekt dat zij jou niet langer de baas zijn. Vraag de Heilige Geest om je kracht te geven deze gebieden te veroveren. Bid indien mogelijk met een volwassen spirituele leider.

4. Waar en met wie moet jij bruggen van liefde bouwen?

5. Schrijf op wat jij wilt gebruiken uit Efeziërs 4:2-6 en Colossenzen 3:12-15 om je te helpen in 'tegenovergestelde geest' te wandelen bij het toepassen van het principe van vervanging.

Punten voor groepsdiscussie

1. Bespreek de punten onder relationele gerechtigheid in zaken doen.

2. Bespreek hoe mensen ontkracht worden door het gebrek aan eerbied in families, kerken en bedrijven, en hoe we onze 'beloning' hierdoor verliezen.

3. Lees en bespreek het volgende: *Romeinen 2:7-8, 10 "Hij geeft eeuwig leven aan hen die geduldig de wil van God doen, op zoek naar de glorie en eer en het leven dat nooit eindigt. Anderzijds zal Hij Zijn strenge straf laten neerkomen op hen die alleen maar aan zichzelf denken en die, in plaats van zich aan de waarheid te houden, onrecht doen. Maar een ieder die goed doet, zal door God worden verhoogd en vrede ervaren."*

Hoofdstuk 7

Van schaamte naar Eer

In antwoord op de oproep om te leven als een man van eer, kun je je bezwaard voelen door dingen uit je verleden die nog niet volledig afgehandeld zijn en gevoelens of angsten van het onvoldoende in staat zijn om te voldoen aan de uitdaging en verantwoordelijkheden.

Dingen uit je verleden kunnen je vasthouden in schaamte wat, zoals ik al zei, een gevoel is van afwijzing, waardeloosheid en gebrek aan eigenwaarde wat bijdraagt aan een gevoel van verwarring, onzekerheid en schuld. Dit kan een resultaat zijn van voortdurend bekritiseerd worden, belachelijk gemaakt, genegeerd of verbale, emotionele of fysieke mishandeling tijdens onze jeugd. Schaamte legt een misleidende fundering voor angst en falen en weerhoud ons ervan om ons doel en bestemming voor God te volbrengen. In dit hoofdstuk wil ik deze dingen aan de orde stellen en erop vertrouwen dat het je genezing, verlossing en bekrachtiging geeft in je leven.

Een andere man geworden

In *1 Samuël hoofdstuk 9* lezen we dat God Saul heeft gekozen als toekomstig koning van Israël in antwoord op de roep van de bevolking voor een koning. Samuël verteld Saul dat hij aangewezen wordt om koning over de mensen te zijn. In vers 21 antwoord Saul dat hij van de stam van Benjamin is, de kleinste van Israël en zijn familie de armste en zwakste is van alle stamfamilies. Maar Samuël stuurt hem op weg met een profetisch woord van wat hem op zijn reis te wachten staat. Saul zal een groep profeten ontmoeten en dan zegt hij *in 1 Samuël 10:6,9 "Op dat moment zal de Geest van de HERE met grote kracht over u komen, zodat u samen met hen gaat profeteren en u zult zich voelen en gedragen als een ander mens. Nadat zij afscheid hadden genomen en Saul op weg ging, gaf God hem een nieuw innerlijk." (Het Boek vertaling)*

Voordat God ons kan gebruiken moeten we ons volledig aan Hem overgeven zodat we gevuld kunnen worden met de kracht van de Heilige Geest en in feite veranderd kunnen worden in een nieuwe man, met een nieuw hart. We moeten ons omdraaien en weglopen van alles wat ons gevangen houd. We moeten vrij gezet worden van schaamte en angst en de mantel van autoriteit oppakken en de zegen van God ontvangen en de 'berg' voor ons overwinnen.

De Geest van de Heer 'nam bezit'

 Het verhaal van Gideon is ook een krachtige getuigenis over hoe we vrij gezet kunnen worden voor ons doel. We lezen hierover in Richteren 6. De Israëlieten hadden kwaad gedaan in de ogen van God. Zij hadden gerebelleerd tegen de wegen van God, dus gaf Hij ze in handen van de vijand, de Medianieten. Zij vernietigden de opbrengst van het land en lieten niets over, zelfs geen schaap of os. *Zij vernietigden het land* elke keer opnieuw als zij tegen Israël optrokken.

Armoede, onvruchtbaarheid, verwarring, hopeloosheid, pijn en vernietiging zijn een bijproduct van een niet vergevend hart. Zij hadden gerebelleerd tegen God dus nam Hij Zijn bescherming over hen weg en gaf hen in de handen van de vijand. *We moeten niet altijd de duivel de schuld geven maar ons realiseren dat wij door keuze de deur naar vernietiging openen en sluiten. Psalm 32:3 "Zolang ik mijn zonde niet beleed, kwijnde ik weg. Ik was de hele dag tot tranen toe bewogen." (Het Boek vertaling)*

God hoorde de roep van Israël en Zijn hart kan ons ook nu nog herstellen. De engel van de Heer verscheen aan Gideon toen hij tarwe aan het kloppen was in de wijnpers om het te verstoppen voor de Medianieten. Richteren 6:12-16 " *De Engel van de HERE kwam bij hem en zei: 'De HERE is met u, dappere held!' Maar Gideon antwoordde: 'Och, heer, als het waar is dat de HERE met ons is, waarom is dit alles ons dan overkomen? Waar zijn dan al de wonderen waarvan onze voorouders ons hebben verteld, zoals toen de HERE ons volk uit Egypte leidde? Nu heeft de HERE ons verstoten en zijn we aan de Medianieten overgeleverd.' Toen zei de HERE tegen hem: 'Ik zal u sterk maken, ga dus en verlos Israël uit de macht van de Medianieten! Ik geef u deze opdracht.' Maar Gideon antwoordde: 'Och, Here, wie ben ik dat ik Israël zou kunnen verlossen? Mijn familie is de armste van de hele stam Manasse en ik ben de jongste uit ons gezin.' Daarop zei de HERE: 'Ik zal met u zijn. Daarom zult u de horden Medianieten verslaan alsof het maar een enkele man was!"(Het Boek vertaling)*

Gideon en de Israëlieten werden verslagen door:

Schaamte

De mensen van Israël leefden in zonde waardoor God Zijn bescherming van hen afhaalde, hierdoor kon de vijand over hen heersen. Door deze afwijzing werden ze overladen door schaamte. Als de Glorie en Eer van God van ons weggehaald wordt, worden we overheerst door onze vijanden en leven we in schaamte.

Ze waren hun waarde, eer, waardigheid en kracht verloren. Ze werden geregeerd door de Medianieten maar erger nog, ze werden geregeerd door de vijanden in hun hart die overheersten. Vijanden als schaamte, bitterheid, aangevallen voelen, veroordeling, niet kunnen vergeven, ontmoediging en angst waren de punten van houvast geworden in hun leven.

Het antwoord van Gideon aan de engel is klagen en in feite God berispen, "Als God bij ons is, waarom gebeurt dit allemaal dan en waar zijn al Zijn wonderen waar onze voorouders over verteld hebben?"

Hoe vaak doen we dat niet. Als iets verkeerd gaat in ons leven trekken we de liefde en integriteit van God in twijfel. Hoe kan God toestaan dat dit ons overkomt, waar was Hij? *Door het berispen van God openen we de deur voor de vijand om binnen te komen en ons leven te verwoesten.* We leven in een gevallen wereld van zonde, dood en vernietiging door de rebellie van de mens. En toch zegt Jezus dat door Hem wij leven en leven in overvloed, en in vrijheid van de vloek van de zonde.

Denk even terug aan het verhaal van het Schotse regiment dat werd opgeheven. Zij zagen hun geliefde vlag voor de laatste keer gestreken worden en kregen een *"wond van schaamte"* in hun innerlijk. We weten vaak niet eens dat we deze wond oplopen, maar het is er en woekert en groeit naarmate de jaren verstrijken. We zien soms alleen een aantal effecten ervan in ons leven, dingen als afwijzing, verwarring, irritatie, woede, bitterheid en depressie. Het identificeren van de wortel van een wond of schaamte die we opgelopen hebben kan ons helpen met een aantal van deze vruchten.

Enkele vijanden waarmee we moeten afrekenen:

1. Wonden uit het verleden

Net als Gideon dragen we wonden uit ons verleden met ons mee, vaak geven we de ouders, vrouwen, zakenpartners of zelfs God de schuld voor onze pijn. Dit stelt de wortel van bitterheid en afkeuring in staat om controle over ons leven uit te gaan oefenen en meer schade toe te brengen.

Hebreeën 12:15 "Let erop dat niemand van u de genade van God aan zich voorbij laat gaan. Er mag geen verbittering onder u komen, want als dat gebeurt, zullen velen erdoor aangestoken worden en zijn de gevolgen niet te overzien." (Het Boek vertaling)

2. Aanstoot / onvergevingsgezind

 Andere mensen de schuld geven voor onze hachelijke situatie houd ons in de greep van de pijn en aanstoot en in de greep van de mensen die ons pijn hebben gedaan. Vrijzetten van genade, doordat we de vergevingsgezindheid toelaten die Jezus ons heeft laten zien, om door ons heen te stromen naar deze mensen zal ons laten zegevieren over veroordeling en ons vrij maken.

3. Ontmoediging

Je kunt de ontmoediging in hun stem horen. Ze hadden geen hoop, geen doel om voor te leven en ze voelden zich verlaten door God. Gideon had *de leugen omarmt* dat hij de minste, de zwakste, waardeloze en niet geliefde was. Mensen devalueren zichzelf vaak door te geloven, net als Gideon, dat ze de zwakste en de minste zijn, wat leidt tot ontmoediging en zelfs depressie.

4. Spijt van het verleden

Leven met spijt uit het verleden weerhoud je ervan om vandaag volledig te leven en minimaliseert de voortgang waarin je met vertrouwen en hoop de toekomst in gaat. Als alleen....waarom is dit gebeurt? Waarom is hij/zij zo ongevoelig? Dit soort gedachten en woorden zullen je emotioneel gevangen houden in de pijn van het verleden en houden je verslagen in schaamte.

5. Angst

Zij verstopten zich in grotten! Gideon dorstte in de wijnpers! Angst zorgt ervoor dat je verlamt raakt, niet in staat om obstakels te confronteren en te overwinnen. Angst is ook een zonde in de zin dat het voorkomt dat we geloven in de liefde en de kunde van God om ons te verlossen. God heeft de mens gemaakt als een 'kampioen' een 'machtige man van eer.' Daarom spreekt de engel Gideon ook aan als dappere held. Hoezeer moet Gods hart dan geen pijn doen als we onze roeping die God voor ons heeft door angst laten gaan. Net als in *Braveheart* moeten we de angst opzij leggen, er afstand van doen en opstaan met een doel om voor te leven en te sterven.

Het haalt je kracht weg

Rebellie tegen God, resulterend in schaamte, veroordeling, aanstoot/onvergevingsgezind, ontmoediging, spijt en angst, waren de echte vijanden van Israël. Natuurlijk waren er de Medianieten die hen aanvielen en hun oogst op het land vernietigden, maar ze waren eigenlijk verslagen door de vijanden waarvoor ze in hun eigen leven bogen die hen gevangen hield.

Romeinen 6:16-17 "Als u bij iemand als slaaf in dienst komt, moet u doen wat hij zegt. Hij is de baas over u. Of de zonde is uw meester, met het gevolg dat u de dood tegemoet gaat, óf God is uw meester, met het gevolg dat u vrijgesproken wordt. Vroeger was u een slaaf van de zonde. Maar God zij gedankt: toen u hoorde wat er over Christus werd verteld, hebt u dat met een dankbaar hart aangenomen." (Het Boek vertaling)

Paulus zei dat we 'slaven' zijn van wat we kiezen te geloven. Gideon was een slaaf van de dingen die hierboven genoemd zijn, hij werd gecontroleerd door hen. Zij konden zeker nooit opstaan en de uiterlijke vijand verslaan als ze niet hun innerlijke vijand de baas waren!

Misschien ben je ook met soortgelijke dingen aan het vechten als schaamte, ontmoediging, angst en afwijzing, terwijl je er steeds anderen de schuld van geeft. Er kunnen andere echte vijanden zijn als seksuele lusten, alcohol verslaving, onzekerheden, depressie, woede of gebrek aan discipline in je leven. Dit zijn niet alleen zonden....*ze nemen je kracht weg!* Zij neutraliseren je kracht die je nodig hebt om boven de machten uit te stijgen die je beneden houden en je zegen stelen.

Vastbesloten om vrij te komen

We moeten een vastbeslotenheid hebben om vrij te komen. Dit herinnert me aan mijn schoonvader, Willy Morgan, een geweldige man van moed en geloof die piloot was in de Tweede Wereldoorlog. Op twintigjarige leeftijd werd hij neergehaald boven de Middellandse Zee en zat acht dagen lang samen met zijn bemanning in een reddingsvlot. Net als Gideon had hij een visioen waarin God hem liet zien dat zij op de achtste dag door een schip gered zouden worden. Deze hoop hield de mannen in leven. Ze werden toen naar een Duits gevangeniskamp gebracht die bekend stond als Stalg

Luft III. Als een krijgsgevangene, met het risico van ernstige straf of zelfs dood, begonnen hij en zijn kameraden een tunnel te graven met lepels, messen en zelfs de blote handen, waardoor ze konden ontsnappen. Ze stonden voor hele grote uitdagingen zoals het verstoppen en kwijtraken van het zand, slapeloze nachten, gebrek aan zuurstof in de tunnel en het gevaar dat de tunnel in zou storten als ze erin zaten. *Ze waren echter in hun hart vastbesloten dat wat de gevolgen ook zouden zijn, ze zouden ontsnappen uit hun gevangenschap.* Tegenwoordig is het een droevig feit dat mensen hun gevangenschap accepteren en ermee leven dat ze gebonden zijn. We moeten een allesomvattend geloof hebben, moed en vastberadenheid om vrij te komen, wat het ook kost.

Laten we eens kijken wat Gideon deed.

Richteren 6:17-21 "Gideon antwoordde: 'Als het echt waar is dat U mij op die manier zult helpen, geef mij dan een teken om te bewijzen dat het werkelijk de HERE is die mij dit zegt! Blijf hier tot ik terug ben en U een geschenk heb aangeboden.' 'Goed,' antwoordde de Engel. 'Ik blijf hier wachten tot u terug bent.' Gideon haastte zich naar huis, braadde een geitenbokje en bakte van tweeëntwintig liter meel een paar ongegiste broden. Het vlees deed hij in een mand en het vleesnat in een pot. Hij bracht dit naar de Engel, die nog steeds onder de eik zat en gaf het Hem. De Engel van God zei tegen hem: 'Leg het vlees en de broden op dat rotsblok daar en giet het vleesnat er overheen.' Gideon deed wat hem was opgedragen. Toen raakte de Engel van de HERE met het uiteinde van zijn staf het vlees en de broden aan en meteen schoot er vuur uit het rotsblok dat alles verteerde wat er op lag! Plotseling was de Engel van de HERE verdwenen! (Het Boek vertaling)

Gideon ging op weg en bereidde een speciaal offer voor, hij bracht het beste voedsel dat hij in huis had, misschien wel alles wat hij had in die moeilijke tijd als een indicatie van zijn wil om berouw te tonen voor God. Het voedsel word op een steen (altaar) gelegd en wordt verteerd door vuur door de aanraking van de engel. *Offeren vraagt het beste van ons en het aanbieden aan de Heer terwijl onze harten in totale overgave voor Hem buigen.*

Richteren 6:22-24 "Toen Gideon besefte dat het inderdaad de Engel van de HERE was geweest, riep hij uit: 'O, Oppermachtige HERE, ik heb oog in oog gestaan met de Engel van de HERE!' 'Ik zegen u met vrede,' antwoordde de HERE, 'wees niet bang, u zult niet sterven. Gideon bouwde op die plaats een altaar voor de HERE en gaf het de naam 'Het Altaar van de vrede met de HERE.' Dit altaar staat nog steeds in Ofra in het gebied van de Abiëzrieten. (Het Boek vertaling)

En dit is het ongelooflijke, toen het offer van Gideon was verteerd, realiseerde hij zich dat hij bij een engel was geweest en hij werd opnieuw geraakt door de majesteit en kracht van God. Ik ben er zeker van dat hij wist dat zijn schaamte van hem af was gehaald en zijn eer voor God was hersteld.

Gideon vind vrede

God zegt tegen hem, "Vrede is met je; vrees niet, je zult niet sterven." Gideon ontvangt de 'vrede' van God, een nieuw gevoel van veiligheid in zijn relatie met God. Hij krijgt ook de bevestiging dat God voor hem vecht en hem beschermt.

Mannen met een berouwloos hart en die een zelfzuchtig leven lijden in rebellie tegen God zullen geen echte onwrikbare vrede en eer voor God ervaren.

Grote prestaties, rijkdom, roem, rijen vrouwen of macht zal de wens voor vrede van de man niet behagen. De reden hiervan is dat vrede niet de afwezigheid van problemen of stress betekend. Het betekend in feite "samen met God" Als we in een positie van Eer zijn, aan de rechterhand van God zijn we in volledige eenheid en harmonie met God en zijn doel voor ons. We leven dan in harmonie met onszelf en met hem om ons heen. Dit is de ware staat van 'shalom,' wat betekend: veiligheid, compleetheid, welzijn, voorspoed, vrede en vriendschap.

Het is tijd voor berouw en het neerhalen van altaars

Dan zegt God tegen Gideon dat hij het altaar van Baäl neer moet halen, de vreemde goden, en een altaar voor God te maken en een stier te offeren.

Richteren 6:25-26 "Die nacht zei de HERE tegen Gideon: 'Trek met een stier van uw vader, de tweede stier van zeven jaar, het gezinsaltaar van Baäl omver en hak de gewijde paal die ernaast staat, om. Bouw daarna op deze heuvel een altaar voor de HERE, uw God, stapel de stenen op de juiste manier op. Slacht de stier en offer hem als een brandoffer aan God en gebruik het hout van de gewijde paal voor het vuur op het altaar.' (Het Boek vertaling)

Een wond die niet erkend wordt, waar geen berouw voor is en zelfs geen traan gelaten wordt, zal nooit helen. Die wond zal je gevangen houden in schaamte en het voorkomt dat je je toekomst volledig kunt omarmen en dat je de heuvel inneemt.

We moeten de altaren van de vreemde goden die ons gevangen houden neerhalen en een altaar voor de Heer maken.

Dit doe je door:

1. Belijd aan God dat het zonden zijn
2. Toon berouw dat je toegestaan hebt dat ze je gevangen hielden
3. Geef je leven over aan Jezus Christus door Hem en alleen Hem te dienen als een man van Eer.
4. Sta Jezus toe om de 'mantel van schaamte' van je schouders te halen en je te kleden met zijn 'mantel van eer'.
5. Benoem en leg elke vijand / ketting aan de voet van het kruis. Bijvoorbeeld schaamte, aanstoot, ontmoediging, angst, spijt, schuldgevoel, verslavingen. Sta toe dat het bloed van Jezus hen wast terwijl je proclameert, "Het is klaar!"

We kunnen erop vertrouwen dat Hij ons tegemoet komt met Zijn grote liefde en genade als we het nodig hebben, en ons bevrijd van de pijn en mishandeld herinnering.

De Geest neemt bezit

Richteren 6:33-34 "Niet lang daarna hadden de Midjanieten, Amalekieten en de stammen uit het oosten zich verenigd tot één groot front tegen Israël. Zij waren de Jordaan overgestoken en hadden hun kamp opgeslagen in de vlakte van Jizreël. Toen werd Gideon met de Geest van de HERE vervuld. Hij blies op de hoorn om het leger bijeen te roepen en alle Abiëzrieten verzamelden zich bij hem.(Het Boek vertaling)

De Midjanieten, Amalekieten en de mensen uit het oosten komen allemaal samen om de Israëlieten aan te vallen en hun kamp op te slaan in de vallei van Jizreël. In plaats van angst, neemt de Geest van God bezit van Gideon en hij blaast de hoorn...als oproep voor de mensen van God om ten strijde te trekken. Hij verslaat de vijand met uiteindelijk driehonderd man. Hij nam bezit van zijn heuvel, hees de vlag en herstelde 'Eer' van Israël. Hij bereikte opnieuw het morele hoge pad van Gods aanwezigheid en autoriteit in hun leven.

Jij hebt dezelfde Geest die Jezus opwekte uit de dood in je leven. God wil je in een 'andere man' veranderen, je een *nieuw hart* geven zodat je kunt opstaan en je bestemming kunt omarmen. Het is tijd om berouw te tonen, te knielen voor God en een 'man van eer' te worden. Zet de trompet tegen je lippen. Verover jouw 'berg', hijs de vlag en betreed de morele hoge grond in je leven en met je familie.

Het enige dat erger is dan sterven op het slagveld, is verslagen te leven. William Wallace zei:"Iedereen zal sterven, weinigen zullen leven." Door in jezelf te sterven, leef je. Want voor God is het geen dood naar dood, maar naar een eeuwigdurend, overwinnend, voldaan en vreugdevol leven.

Het is tijd om de vlag te hijsen

Persoonlijke reflectie

1. Met welke vijanden van Gideon kun jij je identificeren?

2. Maak een altaar in je hart waar je deze vijanden neer kunt leggen,
    terwijl je je leven opnieuw aan God overgeeft. Laat de Geest van God je
    vrijzetten van deze banden en je hart vernieuwen

Punten voor groepsdiscussie

1. Bespreek de vijanden die je onder ogen moet komen in:
    - Je familie
    - Je kerk
    - Je bedrijf
    - Je natie

2. Gebruik het gebed uit dit hoofdstuk, bid voor elkaar in deze gebieden
    tot je nieuwe rust en vrede in God gevonden hebt.

3. Bespreek: Het enige dat erger is dan sterven op het slagveld, is
    verslagen te leven!

Hoofdstuk 8

Echtgenoot van Eer

Om succesvol te zijn als man moet je succesvol zijn in datgene wat het dichtst bij Gods hart ligt en het fundamentele van al het menselijk leven; dat is je huwelijk en thuis, in de rol van echtgenoot en vader. Tegenwoordig ligt de nadruk van een succesvol man bij het bereiken van een bepaalde positie binnen een bedrijf. Je moet een bepaalde rijkdom opbouwen. Je moet een bepaalde auto hebben. Je moet in een bepaalde buurt wonen. Dat is schijn succes! God is niet tegen deze dingen maar Hij is er zeker tegen dat wij deze materiële zaken najagen en onze focus af laten dwalen van ons huwelijk en gezin.

Misschien heb je de grap wel eens gehoord die verteld dat als we op een dag sterven, net voordat we onze laatste adem uitblazen wij niet zeggen, "Ik heb er spijt van dat ik niet meer tijd op kantoor heb doorgebracht!". De meesten van ons zullen er spijt van hebben dat we niet meer tijd door hebben gebracht met onze vrouwen en onze families. Dit is echt een uitdagend en emotioneel onderwerp. Als we op een dag voor Christus staan, dan gaat het er niet om hoeveel materiële zaken je verzameld hebt, het gaat erom hoe je van je vrouw en kinderen hield en voor ze gezorgd heb.

Het is in onze rol als echtgenoot, meer dan in welk gebied van ons leven ook, dat we rekenschap moeten afleggen over hoe we onze vrouwen geëerd en van ze gehouden hebben. Zoals ik in hoofdstuk 4 al gezegd heb, liefde en eer zijn onafscheidelijk in elkaar verweven. Je kunt iemand niet de liefde verklaren zonder je toe te leggen om hen in gedachten, woord en daad te eren.

Ons voorbeeld is Jezus Christus en Zijn relatie met Zijn Bruid, de kerk.
Gods huwelijks beloften naar ons kun je vinden in Hosea 2:18-19 *"Israël,
Ik zal u voorgoed aan Mij verbinden door banden van gerechtigheid en
recht, van onwankelbare liefde en zorg.*
*19 Ik zal Mij met u verloven door trouw. Dan zult u Mij, de HERE,
wérkelijk kennen."(Het Boek vertaling)*

Convenant

De dood van Jezus aan het kruis en het vergieten van Zijn bloed heeft een
nieuw convenant gemaakt met ons die bovengenoemde beloftes
weerspiegeld. Een convenant is een onherroepelijk, onvoorwaardelijke
belofte, geldig voor het leven. Om in het convenant te komen, moeten twee
mensen symbolisch zelf sterven, en zich overgeven om één met elkaar te
worden. Wat van mij is, is van jou, wat van jou is, is van mij. Het is niet
langer jij en ik, maar "WIJ". Een convenant is niet zoiets als een contract
of een overeenkomst die ontbonden kan worden. De beloftes zijn eeuwig
bindend, tot de dood je scheid.

Het zijn beloftes van eer om ons in liefde, vertrouwen, zuiverheid,
vergevingsgezindheid, compassie en eeuwige intimiteit te zetten. Hoe
wonderbaarlijk is het om een huwelijk op deze voorwaarden te hebben.
Elke vrouw zou zich geëerd, gekoesterd, speciaal en veilig voelen en het
moet mogelijk zijn om te groeien in zo'n atmosfeer.

De grootste uitdaging die we tegenkomen als we de wereld rond gaan is
dat heel veel mannen geen goddelijk voorbeeld hadden in hun eigen
vaders. Mannen zijn onderworpen aan misplaatste autoriteit, of hun eigen
vaders hebben afstand genomen van leiderschap, andere vaders waren er

gewoon niet voor het gezin. Veel jongens hebben geen voorbeeld functie in hun vader gezien in hoe ze lief moeten hebben, het koesteren en eren van een vrouw. Dit geeft een enorme uitdaging voor mannen. In sommige huwelijken, zijn mannen controlerend en dominerend, of het tegenovergestelde, teruggetrokken en afwezig. Deze houding weerspiegeld niet de leiderschap van Christus.

Gods hart voor echtgenoten

Efeziërs 5:21-33 is echt een ongelooflijke blauwdruk voor ons als echtgenoten, als we onszelf modelleren als Christus, omdat Jezus ons voorbeeld is als het op leiderschap aankomt, autoriteit en een man van eer zijn voor de familie.

Onderwerp u aan elkaar uit ontzag voor Christus. Vrouwen, voeg u naar uw man net zoals u zich voegt naar de Here. De man leidt zijn vrouw, zoals Christus zijn Gemeente leidt, Hij gaf zijn leven om haar te redden! Dus, vrouwen, u moet zich in alles naar uw man voegen, zoals de Gemeente zich naar Christus voegt. Mannen, geef uw vrouw dezelfde liefde als Christus aan zijn Gemeente gaf, toen Hij Zich volledig voor haar opofferde. Christus zonderde zijn Gemeente voor Zichzelf af. Zijn woord was als een bad dat haar reinigde. Hij wilde dat de Gemeente stralend voor Hem zou staan, volmaakt, zonder vlek of rimpel. Zij moest heilig en zuiver zijn. Zo moeten ook de mannen hun vrouw liefhebben en verzorgen als hun eigen lichaam. Want als de man zijn vrouw liefheeft, heeft hij ook zichzelf lief. Geen mens haat zijn eigen lichaam, maar verzorgt en voedt het, zoals ook Christus zorgt voor de Gemeente, zijn lichaam, waarvan wij deel uitmaken. Dat wordt bevestigd door de Boeken, waarin staat: 'Een man verlaat zijn ouders, voegt zich bij zijn vrouw en beiden worden werkelijk één.' Dit is een diep geheimenis, maar ik zeg het om duidelijk te maken wat voor verhouding tussen Christus en zijn Gemeente bestaat. Voor ieder van ons persoonlijk komt het hierop neer: de man moet net zoveel van zijn vrouw houden als van zichzelf en de vrouw moet haar man respecteren.

Het is een geweldige verantwoordelijkheid en zegen die Jezus ons gegeven heeft. Het verteld dat zoals Christus Zijn Bruid, de kerk, liefhad, verzorgde, koesterde, ook wij, als echtgenoten naar Jezus moeten kijken als ons voorbeeld hoe een erend echtgenoot te zijn.

Laat me nu een aantal verzen eruit halen, om een duidelijk beeld van onze rol te krijgen.

1. *vers 23: "De man leidt zijn vrouw, zoals Christus zijn Gemeente leidt, Hij gaf zijn leven om haar te redden!"*

Wat is het sleutelwoord in dit vers? De meeste mannen die ik dat vraag zeggen "leidt" en het vers spreekt duidelijk over leiden, maar ik denk dat het woord "zoals" is. Als je de Bijbel leest en de nadruk op "zoals" legt dan krijgt het een geweldige betekenis: De man leidt zijn vrouw, **ZOALS** Christus zijn Gemeente leidt. Zoals betekend 'op dezelfde manier', dus op dezelfde manier zoals Jezus zijn leiderschap van de kerk weergeeft, moeten wij als echtgenoten dat reflecteren naar onze vrouwen.

Hoe openbaard Christus Zijn leiderschap? Welke woorden omschrijven Zijn leiderschap over de kerk?

Dienstbaarheid

Een sleutelwoord die Zijn leiderschap omschrijft is dienstbaarheid. In Markus 10:45 zegt Jezus:*"Want zelfs Ik, de Mensenzoon, ben niet gekomen om Mij te laten dienen. Nee, Ik ben gekomen om te dienen en mijn leven te geven als losgeld voor velen."(Het Boek vertaling)*

Filippenzen 2:5-8 "Blijf erop toezien dat uw innerlijke houding moet zijn zoals die van Christus Jezus,6 die, hoewel Hij de gestalte van God had, Zich niet heeft vastgeklampt aan zijn goddelijke rechten.7 Integendeel, Hij legde zijn grote macht en heerlijkheid af, nam de gestalte aan van een dienaar en werd een mens.8 Herkenbaar als mens, vernederde Hij Zich en gehoorzaamde tot het uiterste, zelfs tot in de dood aan het kruis." (Het Boek vertaling)

Jezus kwam om te dienen en ons kracht te geven om alles te worden wat we kunnen zijn en ons doel volledig te vervullen in God. Hij heeft ons 'opgeheven' zodat we op 'bergen kunnen staan' en Zijn goedheid en trouw kunnen proclameren. Op dezelfde manier moeten wij onze vrouwen dienen op een manier dat ze opgeheven worden om hun doel in God te vervullen. Waar zij tekort komen, moeten wij ze aanvullen, waar zij zwak zijn, moeten wij kracht brengen, ondersteuning en bevestiging.

Voorziener

Voorziener, een ander woord dat Christus Zijn leiderschap over ons beschrijft. Jezus is onze voorziener en we zoeken Hem dagelijks voor onze spirituele, emotionele en fysieke voeding. Een aantal jaren geleden, terwijl ik met persoonlijke zaken worstelde, realiseerde ik me dat God de Vader mij simpelweg geroepen had om als een 'kanaal' te dienen van Zijn zegeningen en voorziening voor mijn familie. Hij is de 'bron' van onze voorziening en Hij wil voorzien voor ons 'uit Zijn onuitputtelijke bronnen'. Ik ben onder Zijn autoriteit en Hij wil mijn familie meer zegenen dan ikzelf doe. *Ik moet op één lijn komen met Zijn principes* en werken onder Zijn gedelegeerde autoriteit en Zijn zegeningen op mijn familie overbrengen.

Beschermer

Beschermer beschrijft ook de leiderschap van Christus. Hij is onze toevlucht, onze rots en sterke toren. Zoals wij in de Heer vertrouwen, zo moet je familie op jou kunnen vertrouwen dat jij hun toevlucht bent en de veilige plek. Wij moeten hen spiritueel beschermen door te proclameren en te leven uit het Woord van God en zo een spirituele familie bouwen. Wij moeten hen emotioneel beschermen door toewijding, vastbeslotenheid en stabiliteit. Je beschermt door de 'sterke man' bij de deur te zijn, uitkijkend en de wacht houden over je geliefden zodat er geen toegang gegeven wordt aan de leugens van het kwaad.

Markus 3:27" Als u het huis van een sterke man wilt binnengaan om zijn spullen weg te halen, moet u hem eerst vastbinden. Dan pas kunt u zijn huis leeghalen."(Het Boek vertaling)

Liefde en zachtheid

Liefde en zachtheid beschrijft ook de leiderschap van Christus. Christus leiderschap over ons is nooit autoritair, het is nooit dominerend, nooit controlerend of zelfzuchtig. Het is altijd dienend, bemoedigd altijd en laat zachtheid zien, tederheid, liefde en eerbaarheid. Dit is ware kracht.

De rol van de Redder

Het laatste deel van het vers zegt, *"Zelfs als Christus het hoofd is van de kerk, Zijn lichaam, en Hij is Zelf de Redder."* Hieruit kun je concluderen dat ook al is Christus onze Redder, er is voor ons een rol weggelegd in een redder te zijn voor onze vrouwen. Er is natuurlijk maar één Redder, en dat is Jezus Christus, maar wat betekend het om een redder te zijn? Met andere woorden, hoe kunnen we die rol vervullen? De essentie van het vertaalde woord 'redder' in de Bijbel is 'gever van leven.' Jezus bracht ons van de dood naar het leven, van de duisternis naar het licht, en door dat te doen gaf Hij ons een belofte en een hoop voor onze toekomst en het eeuwige leven. Jezus is onze gever van leven. De Bijbel geeft wel aan dat wij, als mannen, een rol hebben als gever van leven naar onze vrouwen toe.

Hoe kunnen we dat praktisch op een dagelijkse manier doen? Wat geeft leven? Als iemand naast je komt lopen en je praktisch ondersteund als je het moeilijk hebt in een bepaalde situatie, dan brengt je dat hoop en leven. Dus op een dagelijkse basis, als echtgenoten, kunnen we aanmoediging en hoop aan onze vrouwen geven door woorden van bemoediging en praktische hulp.

Één van de dingen die we ons realiseren over de wereld waarin wij leven is dat er niet veel eer meer is. Het lijkt er zelfs op dat het wereldse systeem erop gemaakt is om ons beschaamd te voelen. Beschaamd dat we niet die auto hebben, of beschaamd dat wie niet in die positie verkeren, of dat we niet dat huis hebben – het verteld ons eigenlijk dat we gefaald hebben op veel gebieden in ons leven. Als we daarom onze vrouwen aanmoedigen en respecteren dan leggen we leven in hen. Wij geven hen veiligheid en creëren een omgeving van vrede om hen heen.

2. Vers 25 "Mannen, geef uw vrouw dezelfde liefde als Christus aan zijn Gemeente gaf, toen Hij Zich volledig voor haar opofferde."

Christus had een opofferende, onvoorwaardelijke liefde voor ons. Opofferend, omdat Hij Zijn leven voor ons gaf. Om onze vrouwen opofferend lief te hebben, betekend bereid zijn voor hen te sterven. Opofferende liefde betekend ook dat je elke dag je vrouw voor je eigen behoeften zet.

Onvoorwaardelijke liefde betekend "Niet van omstandigheden afhankelijk, niet van gevoelens afhankelijk, zelfs niet afhankelijk van het antwoord van je vrouw." Dat is onvoorwaardelijke liefde !

Opofferende liefde

Bijvoorbeeld, op een dag toen hij met een bekende op bezoek was, nam hij de telefoon op. Hij zei, "Hallo, ja…nee,nee – dat is onmogelijk, nee – je moet het later maken. Maak het maar rond vijf uur, oké bedankt, dag! " en legde de telefoon neer. Het gesprek was kort en abrupt. Ik was zeer geïnteresseerd want het was duidelijk dat hij tegen zijn vrouw sprak, dus vroeg ik hem, "Was dat je vrouw?"hij zei "ja, dat was mijn vrouw, man. Het is de vierde verjaardag van mijn zoon komende zaterdag en mijn vrouw wil een feestje geven om tien uur 's ochtends, maar ik heb mijn golf 'four-ball' georganiseerd en het gaat niet gebeuren dat ik dat ga veranderen voor welk verjaardagsfeestje dan ook." Het raakte me wat een geweldige teleurstelling dat voor zijn vrouw moet zijn geweest. Het is niet dat ze verafschuwt dat haar man golf speelt, maar wat ze misschien wel verafschuwt is dat zijn golf voor zijn familie komt. Ik vertelde hem dat als hij bereid was zijn dag golf op te geven, maar één of twee keer per jaar, het een heel groot verschil in zijn huwelijk zou maken. Het zou opofferend zijn – iets opgeven dat hem zeer dierbaar is, maar soms moeten we dat doen. We moeten opofferend en onvoorwaardelijk lief hebben, voor onze eigen behoeften, voor onze eigen gevoelens en zelfs voor onze eigen wensen.

Dit principe word krachtig gedemonstreerd in het leven bij stellen waarvan één persoon heel erg ziek wordt. Ik heb dit kortgeleden gezien toen mijn broer Ron een hersentumor kreeg. Zijn vermogen om te communiceren werd ernstig verhinderd en hij kon niet in zijn persoonlijke noden voorzien. Zijn vrouw Ann hield opofferend en onvoorwaardelijk van hem, en diende hem tot hij naar de Heer ging. Een andere vriend, Dalys Sparg, hield jarenlang opofferend en onvoorwaardelijk van zijn vrouw Jenny, die een hersenaandoening kreeg met de naam neurovasculitits. Zij is niet in staat om op welke manier dan ook te communiceren of te antwoorden. En toch verzorgde hij haar elke dag liefdevol en praat met haar alsof ze volkomen normaal is. Hij spreekt voortdurend Gods Woord tegen haar en vertrouwd op haar genezing. Deze mensen weten echt wat met je eega eren en opofferend lief te hebben bedoelt wordt.

3. Vers 26 en 27 "Christus zonderde zijn Gemeente voor Zichzelf af. Zijn woord was als een bad dat haar reinigde. 27 Hij wilde dat de Gemeente stralend voor Hem zou staan, volmaakt, zonder vlek of rimpel. Zij moest heilig en zuiver zijn."

Vaak willen we dat onze vrouwen *zich aan ons presenteren* zonder vlek of rimpel of schande of iets van dat. We willen dat ze perfect zijn, er goed uitzien, emotioneel stabiel zijn, liefdevol en meelevend zijn, zonder haken en ogen. We verwachten dat ze sterk zijn, positief en onvermoeibaar terwijl ze voor de kinderen zorgen en het reilen en zijlen van het huishouden draaiende houden en vaak nog erbij werken ook. Maar dat wordt niet echt gezegd. Het zegt dat *Christus Zijn 'bruid' in staat stelt* om zich zonder vlek of blaam aan Hem te presenteren. Één van de sleutel manieren waarop

Hij dat doet is, *"haar te heiligen, haar te reinigen door te wassen met water van het Woord."*

Één van de grootste uitdagingen die echtgenoten hebben tijd vrijmaken om met hun vrouw de Bijbel te lezen. Onze vrouwen wassen met het water van het Woord om haar voor de Heer te presenteren, en onszelf, in uitmuntendheid en heiligheid.

Ik heb huwelijken gezien die absoluut in chaos verkeerden waar dit principe is toegepast en binnen twee weken draaide het helemaal om. Dit hoeft niet iets wetmatigs te zijn maar het betekend dat je tijd moet maken om samen het Woord te lezen en te bidden. Een ongelooflijke dynamiek wordt vrijgezet als een echtgenoot daadwerkelijk in de Bijbel leest met zijn vrouw, omdat met dat Woord zoveel genade en zalving komt die een zegen over haar vrijgeven. Zij geniet als haar man leid en zijn autoriteit op dit gebied oppakt. Net als deze tijd samen, laat haar ook in haar eigen tijd de Bijbel lezen en bestuderen. Misschien moet jij dan even voor de kinderen zorgen of wat klusjes doen om haar die tijd te geven. Het doel is dat jullie samen groeien.

Het is handig om een 'jaar Bijbel' te gebruiken, omdat je dat een dagelijks lees patroon geeft om te volgen. Het is verbazingwekkend hoe die ene passage van de dag een antwoord geeft op een specifieke behoefte die jij of je vrouw kan hebben. Je vrouw is misschien angstig en heeft je verteld dat ze niet weet hoe ze de komende dagen door moet komen. Dan herinner je je dat het Bijbelgedeelte voor die dag Filippenzen 4 is: *"Maak u nergens zorgen over, maar bid voor alles en vraag God wat u nodig hebt, dankbaar voor alles wat Hij doet."(Het Boek vertaling)* Dan ga je verder en bid: "Vader, ik dank U voor Uw Woord vandaag. Ik bid voor mijn vrouw en ik dank U Vader dat ze niet bang hoeft te zijn, omdat Uw vrede haar toekomt vandaag. Ik zet Uw vrede vrij in haar in de naam van Jezus."

Dat is dynamisch voor vrouwen! Vrouwen komen naar ons toe en, waarschijnlijk negen van de tien keer, vragen ze of hun man meer tijd wil vrijmaken voor hen om te bidden en uit de Bijbel te lezen. Het hoeft geen uur per dag te zijn – begin met vijf minuten. Vijf minuten kunnen een gigantisch verschil maken, en hopelijk wordt de tijd vanzelf steeds langer.

Persoonlijk heb ik tijd nodig om met mijn vrouw de Bijbel te lezen, maar ik heb ook tijd voor mezelf nodig om God te aanbidden. Je moet flexibel zijn en de Heilige Geest je laten leiden. Het in de Bijbel lezen en bidden met je vrouw bemoedigd, heiligt, en zegent haar. Door dit te doen presenteer je jezelf aan haar als *"volmaakt, zonder vlek of rimpel, heilig en zuiver."*

4. Vers 28 en 29 "Zo moeten ook de mannen hun vrouw liefhebben en verzorgen als hun eigen lichaam. Want als de man zijn vrouw liefheeft, heeft hij ook zichzelf lief.29 Geen mens haat zijn eigen lichaam, maar verzorgt en voedt het, zoals ook Christus zorgt voor de Gemeente"

We steken allemaal veel tijd en moeite in het onderhouden van onze eigen lichamen. Je beschermt, voedt en koestert het, zodat je sterk genoeg bent niet alleen om de dag door te komen, maar om met vreugde te leven. Als je voor je lijf zorgt, is het leven goed voor je! En op die manier moet je jou vrouw behandelen, omdat jullie één zijn. Wat je jou vrouw aandoet, doe je in feite jezelf aan. De manier waarop je haar behandelt komt terug naar jou. Als ik een spijker in mijn hand druk en denk dat het niet zeer zal doen, dat zou raar zijn! Maar zo denken sommige mensen. Zij geloven dat zij hun vrouw slecht kunnen behandelen en dat het op hen geen effect heeft. Nou, dat doet het zeker wel! Julie zijn één lichaam en net zoals mijn hand onderdeel is van mijn lichaam, zo is mijn vrouw dat ook. Als mijn vrouw pijn heeft, heb ik pijn. Als ik pijn heb, heeft zij pijn. Wij zijn één lichaam en dat kunnen we niet negeren.

Voeden

Voeden bedoelen we fysiek, emotioneel en spiritueel. We hebben het al over de spirituele voeding gehad, maar deze verantwoordelijkheid moet praktisch uitgewerkt worden in het fysieke en emotionele rijk. We doen dit door onze familie dagelijks van voedsel te voorzien of misschien ergens heen te lopen of wat oefeningen te doen en eenvoudig weg van de frisse lucht te genieten. Je vrouw tijd om te rusten geven door je verantwoordelijkheid voor de kinderen en huishoudelijke taken te nemen zal haar ook fysiek voeden.

Emotioneel voeden we door bemoediging, haar hoop te geven, een veilige omgeving te creëren in het huis, zekerheid en vrede in je relatie en haar zelfvertrouwen opbouwen, haar eigenwaarde.

Koesteren

Koesteren betekend omarmen en beschermen als waardevol en kostbaar, liefdevol ervoor zorgen.

Er is een verhaal in de Bijbel over een man die een waardevolle parel vond in het veld. Hij ging en verkocht alles wat hij had om dat veld te kopen en de parel in bezit te krijgen. Koester je vrouw als een parel van grote waarde die je kostbaar is en belangrijk voor jou.

Er staat zoveel in het bovenstaande Bijbelgedeelte dat ik je aanraad om een maand uit te trekken om elke dag Efeziërs 5:21-29 te lezen. Vraag de Heilige Geest dagelijks om je te laten zien hoe jij op dit gedeelte moet handelen. Hij zal je zoveel meer openbaren over van je vrouw houden en zal de 'leiderschap' van Christus in haar op elke manier eren weerspiegelen.

Een vriendelijk en evenwichtig karakter

Elke man wil een vriendelijke en evenwichtige vrouw!

In 1 Petrus 3:3 spreekt Petrus tegen vrouwen en drukt ze het volgende op het hart: *"Daarbij moet u niet te veel aandacht aan uw uiterlijk besteden. Het gaat niet om een mooi kapsel, dure sieraden of schitterende kleren. Het gaat om uw innerlijk, om een vriendelijk en evenwichtig karakter. Dat is een onvergankelijk sieraad dat voor God grote en blijvende waarde heeft."*

Maar dan zegt hij in 1 Petrus 3:7 *"Gij mannen, insgelijks,.."* . Dit is interessant want in het voorgaande gedeelte spreekt hij over de houding van de vrouwen naar hun mannen, en ik weet zeker dat de meesten van ons zullen zeggen:"Ja, dat is precies hoe we onze vrouwen willen." We raken opgewonden als we dat gedeelte lezen, over hoe onze vrouwen ons tegemoet moeten komen met een vriendelijk en evenwichtig karakter. Maar nu gaat Petrus door met ons mannen te vertellen dat als we dat willen van onze vrouwen, dat we dan iets speciaals moeten doen om dit te bewerkstelligen.

Laten we vers 7 lezen, *"Gij mannen, insgelijks, woont bij haar met verstand, aan het vrouwelijke vat, als het zwakste, eer gevende, als die ook mede-erfgenamen der genade des levens met haar zijt; opdat uw gebeden niet verhinderd worden."*

Dat is me nogal wat! Wat er staat is dat als we niet leven volgens Efeziërs 5 en overeenkomstig het stuk wat we net gelezen hebben, onze gebeden verhinderd worden. Ik weet dat het ons mannen zo ongeveer van alle leven en zegeningen af zal snijden, en dat kunnen we ons niet veroorloven. Laten we dus eens kijken wat ons de zekerheid geeft dat onze gebeden niet verhinderd raken.

Als eerste staat er, *Gij mannen, insgelijks, woont bij haar met verstand, aan het vrouwelijke vat, als het zwakste, eer gevende*

De sleutelzin in "eer gevende". Één ding dat we zien in de wereld van vandaag is dat vrouwen geen eer meer krijgen. Tot wel zeventig procent van alle huwelijken lopen stuk; vrouwen vechten voor hun rechten; vechten voor waardigheid; vechten voor hun eigenwaarde. Er is iets met vrouwen, het belangrijkste dat ze blijkbaar nodig hebben in het leven is de bevestiging van hun eigenwaarde. Is je dat opgevallen bij je eigen vrouw? Misschien is het iets dat regelrecht terug te voeren is naar de Hof, waar de vrouw zondigde en God een oordeel over haar uitsprak en zei:"In pijn zul je kinderen baren, en je man zal over je heersen..."

Nu weten we dat vrouwen verlost zijn van hun 'vloek' door Jezus Christus, en toch zoeken vrouwen continue naar bevestiging van hun man. Ze denkt, "Hoe zien mijn haar en jurk eruit? Vind hij me nog steeds aantrekkelijk?" We moeten ons zeer bewust zijn van het zelfrespect en de waarde van onze vrouwen. We doen dit op de manier waarin we ze respecteren, hoe we tegen ze spreken, hoe we luisteren, en hoe we ze eren, in het bijzonder voor de ogen van onze kinderen. Thuis eer je je vrouw het meest, daar begint het.

Een man en vrouw zaten op een dag voor me en vertelden dat ze een probleem met de kinderen hadden. De kinderen waren rebels, schreeuwden naar hun moeder, deden niet wat ze gevraagd werd en waren eigenlijk oncontroleerbaar. Ze kwamen naar ons Family Center voor advies en terwijl ze aan het praten waren realiseerde ik me dat er spanning was tussen dit stel. Toen begonnen ze elkaar af te katten als ik hen vragen stelde. De man vertelde me, "Ik weet zeker dat het door de televisie komt...en ze moeten wel iets op school oppikken. Daarom zijn ze zo rebels, daarom zijn ze zo oncontroleerbaar." Terwijl het gesprek verder ging realiseerde ik me dat ze veel tijd besteedden aan het elkaar thuis verbaal mishandelen en dat die geest op hun kinderen overgeslagen was. Omdat dit allemaal tussen man en vrouw bezig was, hadden ze eigenlijk de kinderen toestemming gegeven om precies hetzelfde te doen als zij deden.

Ik wil jullie mannen echt uitdagen om heel voorzichtig te zijn met de manier waarop je thuis spreekt. Ik bedoel de toon en manier waarop je iets zegt. Bespot of bekritiseer je vrouw nooit waar je kinderen bij zijn, anders doen ze binnenkort hetzelfde als wat jij doet. Bespot of bekritiseer je vrouw ook niet in het openbaar. Vaak op sociale evenementen, zeker als er een feestje gaande is, of zelfs als er familie op visite is, hoor je mannen vaak grappen over hun vrouw maken. Iemand vraagt:"Hoe gaat het met je vrouw?" en jij zegt:"ach, ze eet alles wat ze maar in de koelkast kan vinden, " en iedereen buldert van het lachen. Je vrouw lacht misschien zelf, maar het is niet leuk! Wat het doet met haar, het verwond haar hart, dus we moeten ons heel erg bewust zijn om haar eigenwaarde op te bouwen door de manier waarop we tegen haar praten, privé en openbaar.

Bevestig haar continue van haar waarde, vrouwelijkheid en schoonheid

Ik las eens een mooi, waar gebeurd verhaal over een missionaris die op bezoek ging bij een andere missionaris op een eiland. De eerste avond waren ze voor een banket uitgenodigd, en toen ze zaten kwamen er een man en een vrouw de kamer binnen en gingen aan de hoofdtafel zitten. Zij was de mooiste vrouw die de missionaris ooit gezien had, en hij zei tegen zijn vriend: "Wow, dat is *de* mooiste vrouw! Wie is zij?" hij antwoordde,"Nou, er is een geweldig verhaal over die vrouw. Weet je, als op dit eiland een man met een vrouw wil trouwen moet hij naar haar vader gaan en een bruidsschat betalen. De bruidsschat wordt gerekend in koeien. Het maximale dat je kunt betalen is tien koeien en het laagste natuurlijk, één koe. De meeste vrouwen in de regio gaan voor vier, vijf of zes koeien – dat is de prijs van de bruid! Er was één bijzondere vrouw op het eiland die rondliep over het eiland met een sjaal over haar hoofd en gezicht, zodat niemand haar echt goed kon zien, want zij zou heel erg lelijk zijn! Natuurlijk zei iedereen:"Haar vader krijgt nog niet eens één koe voor haar. Zij zal waarschijnlijk nooit trouwen." Op een dag kwam een jonge man naar haar vader en vroeg of hij zijn dochter mocht trouwen. De vader was dolgelukkig en dacht:"Als ik nu begin te onderhandelen met drie koeien, kan ik er waarschijnlijk twee krijgen, en niet één," dus vroeg hij drie koeien aan de jonge man. De jongeman zei: "Nee, nee, Ik trouw alleen met uw dochter op één voorwaarde, dat ik tien koeien mag betalen!" De vader was volledig in shock! Niemand op het eiland had ooit eerder tien koeien betaald, laat staan voor zijn dochter! Hij zei tegen de jongeman:"Waarom wil jij tien koeien voor mijn dochter betalen?" De man antwoordde:"Als ik één, twee of drie koeien voor uw dochter betaal dan is dat haar waarde voor de rest van haar leven. Maar als ik tien koeien betaal voor uw dochter, dan is dat haar waarde voor de rest van haar leven."

Een hele slimme man! Hij koos er vanaf het begin van zijn huwelijk voor om de eigenwaarde van zijn vrouw op te bouwen omdat dat hun relatie zou transformeren, en dat deed het zeker. De vrouw die dacht dat ze zo lelijk was dat ze haar gezicht niet in het openbaar durfde te laten zien, was de vrouw die de kamer in kwam lopen. Ze was de mooiste vrouw op het eiland geworden.

Ik raad je niet aan om je vrouw te vertellen dat ze tien koeien waard is! Dat is waarschijnlijk niet het beste om te doen. Maar ik wil je uitdagen om andere wegen te zoeken om je vrouw te laten weten dat ze het meest waardevolle is in je leven. Of je dat nu doet door middel van een etentje, of door een cadeautje voor haar te kopen, zeg dagelijks tegen jezelf,"Heb ik de eigenwaarde van mijn vrouw vandaag opgebouwd?"

Romantiek en eer

Tenslotte mannen, onthoud om romantisch te zijn. Veel mannen zeggen:"Ik begrijp niks van dat romantische gedoe, en ik weet niet hoe ik romantisch moet zijn!"en dat is natuurlijk totale onzin! Je was heel romantisch toen je haar het hof maakte. Voordat je getrouwd was was je de koning van romantiek! Nu ben je soms gewoon koppig op dit gebied.

Er zijn twee sleutelwoorden die je romantische kant weer helemaal op zullen doen leven:"Merk haar op!". Zie haar elke dag op verschillende manieren. Wees galant en beleefd, doe de autodeur open en zorg dat ze zich het allerbelangrijkste op die dag voelt. Probeer spontaan te zijn! Voorbeeld, aan het einde van de dag, als je naar huis gaat, pluk een bloem langs de kant van de weg en als je elkaar tegenkomt zeg je,"Liefste, ik breng je dit Madeliefje omdat het me herinnert aan je schoonheid en de zonnestralen die jij in mijn leven brengt..." dat is haar opmerken. Geef haar chocolaatjes, neem haar mee naar de film, geef haar surprises en complimenteer haar met haar jurk. Sommige vrouwen komen terug van de kapper en de man heeft drie dagen nodig om te merken dat haar kapsel anders zit!

Ik daag je uit om jezelf elke dag af te vragen,"Heb ik mijn vrouw opgemerkt? Heb ik gezien wat ze aan heeft? Heb ik haar kapsel gezien? Heb ik haar opgemerkt door haar midden op de dag op te bellen alleen om hallo te zeggen en haar te vertellen dat ik aan haar dacht?" Dat is romantisch zijn. Vrouwen hebben het nodig dat hun mannen hen opmerken. Het is voor haar ook eren als je haar opmerkt en dat is een hele belangrijke romantische sleutel voor een huwelijk vol zegen en vreugde.

Elke vrouw wil weten dat haar man zich verheugt in haar. Neem wat tips uit *Psalmen* in de Bijbel waar Salomon extravagant complimenteus is over zijn vrouw. *Hoofdstuk 6:9 "Een enige is Mijn duive, Mijn volmaakte, de enige harer moeder, zij is de zuivere dergenen, die haar gebaard heeft; als de dochters haar zien, zo zullen zij haar welgelukzalig roemen, de koninginnen en de bijwijven; en zij zullen haar prijzen." Vers 10 "Wie is zij, die er uitziet als de dageraad, schoon, gelijk de maan, zuiver als de zon, schrikkelijk als slagorden met banieren?"* Het antwoord van de vrouw is geweldig. *Hoofdstuk 7:10" Ik ben mijns Liefsten, en Zijn genegenheid is tot mij."(Statenvertaling)* Dat klinkt als een gelukkige, tevreden, gekoesterde vrouw!

Vriendschap eert

De sleutel tot een succesvol huwelijk is een vriendschap die is gebouwd op regelmatig gezellige tijden samen hebben. We hebben tijden nodig om emotioneel samen te komen door betekenisvolle communicatie, liefdevolle aanraking, gedeelde interesses en plezierige ontspanning. Verzet je tegen de vijanden van verveling, voorspelbaarheid en gewoonte die het vuur van je liefde zullen doven. Neem tijd en moeite om gezamenlijke activiteiten te plannen, communiceer met je vrouw dat ze speciaal voor je is en veel belangrijker dan al je interesses. Zij zal zich geliefd en geëerd voelen.

Seksuele intimiteit eert

Als wij mannen onze vrouwen zo behandelen als we tot dusver behandelt hebben, dan houden we onvoorwaardelijk van hen, dienen hen opofferend, ondersteunen hen trouw en eren hen zoals Jezus ons dat verteld heeft, dan zullen we opwindende, bevredigende seksuele intimiteit ervaren. Er zal een gezamenlijke drang en passie zijn om op een regelmatige basis seksuele intimiteit te hebben.

Regelmatig betekend om de paar dagen, niet elke paar maanden! Ik realiseer me dat leeftijd, ziekte en andere factoren de frequentie van jullie intimiteit kunnen beïnvloeden, maar deze waardevolle gift mag niet verwaarloosd worden. Je eert je vrouw ook als je ervoor zorgt dat ze seksueel voldaan is. Neem de tijd om aan haar wensen tegemoet te komen, zoenen, strelen en haar tot een orgasme brengen als je de liefde bedrijft, zodat jullie beiden seksueel voldaan zijn. We hebben een boek met de titel "7 Secrets to Fan the Fame of Love and Romance in Marriage"[1] over dit onderwerp.

Hou rekening met je vrouw, erken haar als een vrouw met een vriendelijk en evenwichtig karakter. Luister naar haar zorgen en wees gevoelig voor haar behoeften. *Erken haar vrouwelijkheid, tederheid, zachtheid en zorg als een gift voor jou.* Als je haar slecht en agressief behandeld, zal ze nooit zo'n vrouw worden. Het is geen kwestie dat je vrouw moet veranderen, het is een kwestie dat *jij* moet veranderen en je vrouw eervol behandelen, en *dan* zal ze alles worden wat jij wilt dat ze is. Als zij zich als een 'koningin' voelt, dan wordt jij een 'koning'.

[1] Secrets to Fan the Fame of Love and Romance in Marriage (Drummond & Lindah Robinson)

Het is tijd om de vlag te hijsen

Persoonlijke reflectie

1. Bekijk of jou 'leiderschap' een reflectie is van de relatie tussen Jezus Christus en Zijn bruid, de kerk.

2. Hoe kun je een 'leven-gever' worden voor je vrouw?

3. Ben je in staat om de Bijbel samen met je vrouw te lezen? Welke uitdagingen kom je hierin tegen en hoe los je dat op?

4. Welke andere gebieden van dit hoofdstuk heeft God er voor je uitgelicht?

Punten voor groepsdiscussie

1. De betekenis van een convenant tegenover een contract

2. Vers 25 – de impact van het woord 'als'

3. Hoe kunnen we een 'leven-gever' zijn voor onze vrouwen?

4. Wat heeft dit hoofdstuk voor ieder in de groep betekend

5. Noem de gebieden waarin je je vrouw meer kunt eren

6. Bid voor elkaar

Hoofdstuk 9

Vader van eer

Als vaders representeren we de Vaderschap van God in onze families. Dit is een geweldige verantwoordelijkheid. Het is waarschijnlijk de meest belangrijke, uitdagende en belonende rol die we ooit zullen spelen.

Ik las ooit eens een uitspraak die er bij mij insloeg. Er stond,"In de wereld waarin we vandaag de dag leven zijn veel vaders met kinderen, maar weinig kinderen met vaders!" Vaders lopen in de molen van carrière opbouwen, het bijhouden van de sociale verplichtingen of wonen niet meer thuis na een echtscheiding. Het lijkt erop dat de mannen tegenwoordig geen tijd meer hebben voor het vaderschap.

Ik wordt altijd aangeraakt door het lied "Cats in the Cradle" van Harry Chapin. Ik raad je aan om het lied te bemachtigen en naar het meeslepende verhaal te luisteren over een jongen die wachtend op zijn vader door het leven gaat en hoopt tijd met hem door te kunnen brengen. Hoewel de vader goede bedoelingen heeft, krijgt hij het nooit voor elkaar om ze ook waar te maken. De jongen groeit op en wordt net als zijn vader, en het probleem blijft zo bestaan.

De afgelopen 5 jaar zijn we aan het werk geweest in de gevangenissen van Kenia. Het is hartverscheurend om te horen hoe de mannen schaamte, afwijzing en boosheid voor het grootste deel van hun leven meegedragen hebben door afwijzing van hun vaders of zelfs helemaal verlaten zijn door hun vaders. Dat is de grootste reden waarom ze met de criminaliteit in aanraking zijn gekomen. Ook nu zien veel van deze mannen hun vader niet, hoewel ze wel door hun moeder bezocht worden. Duizenden mannen zijn aangeraakt en veranderd door het Men Of Honor (Eervolle Mannen) programma, maar hun pijn en opsluiting had voorkomen kunnen worden. (Zie bijlagen)

Er zijn vele tragische verhalen over kinderen die opgroeien zonder een liefdevolle, zorgende vader, en de grootste tragedie van allemaal is dat het als resultaat heeft, dat als ze opgroeien, ze worstelen met God de Vader. Als vaders zijn wij diegenen die onze kinderen moeten laten zien hoe wij omgaan met God de Vader als een Vader waar je op kunt vertrouwen en van op aan kunt. Een God waarvan zij weten die van ze houd en voor ze zorgt en alleen het beste voor hen wil. Als er geen vader was, of een mishandelende vader, dan is hun relatie met God de Vader meer dan waarschijnlijk negatief beïnvloed door hun eigen ervaringen. Daarom zien we zoveel vrouwen erop wachten dat hun man zijn leven aan God geeft en de familie voorgaat op een goddelijk pad. Veel van deze mannen hadden helaas geen goddelijke vaderfiguur als voorbeeld wat een vader zou moeten zijn.

God heeft een hart voor vaderschap, en als een vader en man van eer ben je geroepen om te leiden, richting te geven, te voorzien, beschermen en boven al, je vrouw en kinderen te zegenen. Laten we dit mandaat eens verder bekijken.

'De zegen' geven

Genesis 1: En God schiep den mens naar Zijn beeld; naar het beeld van God schiep Hij hem; man en vrouw schiep Hij ze. 28 En God zegende hen, en God zeide tot hen: Weest vruchtbaar, en vermenigvuldigt, en vervult de aarde, en onderwerpt haar, en hebt heerschappij over de vissen der zee, en over het gevogelte des hemels, en over al het gedierte, dat op de aarde kruipt!" (Het Boek vertaling)

God zegende hen. Zegenen betekend "Kracht geven voor voorspoed". God gaf de man en de vrouw de autoriteit om over de aarde te regeren. Deze zegen stelde ze ook in staat om door de geboden genade in voorspoed te leven en vruchtbaar te zijn. Vervolgens zien we deze overgedragen autoriteit om te zegenen over gaan van vader op zoon.

We lezen bijvoorbeeld hoe:

- Abraham zegent Isaac (*Genesis 22:17-18*)
- Isaac zegent Jacob (*Genesis 27:26-29*)
- David zegent Salomon (*Kronieken 22:11-13*)

Als vaders geven we niet alleen 'een zegen', hoe goed dat ook moge zijn, maar we geven **'de zegen'** ook door die God over Adam en Eva uitsprak en toen een convenant met Abraham sloot. Als we regeren op de manier die God wil, dan zullen we voorspoed en zegeningen over onze kinderen en komende generaties vrij te zetten.

Hier volgen enkele praktische manieren voor vaders om hun "zegen te geven":

- *Door woorden van bevestiging, acceptatie en bemoediging.* Ik kan je niet vertellen hoeveel mannen ons vertellen dat ze nooit de woorden "ik hou van jou' gehoord hebben van hun vaders. Liefde communiceren en accepteren is niet iets voor 'mietjes'. Het is een verkondiging van kracht en moed in het leven van je zoon en dochter.

Het is ook belangrijk om een open en eerlijk gesprek met je kinderen te bemoedigen en de vrijheid om je op elk moment in vertrouwen te kunnen nemen.

- *Door liefdevolle aanraking.* Kinderen krijgen bevestiging en zegeningen door een aanraking van comfort, affectie, knuffels en speelse activiteiten. Aanraking communiceert acceptatie, waarde en bemoediging.

- *Door een goddelijke levenswijze en morele puurheid.* We zegenen onze kinderen als we morele hoge grond in ons gezin creëren. Een rechtvaardig, betrouwbaar voorbeeldfiguur zal hen later in het leven leiden en beschermen. Je kinderen leren om het Woord van God te omarmen en de voortdurende aanwezigheid van de Heilige Geest te ervaren is misschien wel de grootste gift die je ze kan geven.

- *Interesse tonen.* Wees betrokken met hun dagelijkse leven en activiteiten. Speciale tijd met je kinderen doorbrengen geeft hen eigenwaarde, waardigheid en vertrouwen in het leven. Dit zal ze visie geven voor hun toekomst en het bevestigt hun gaven en talenten om hen te helpen met het ontdekken van hun doel en bestemming in het leven.

Kinderen zullen voor deze dingen altijd naar hun vader trekken. Ongeacht of ze hun vader niet meer zien door echtscheiding, adoptie of zelfs mishandeling, ze hebben de drang om opnieuw in contact te komen met hun vaders.

Geroepen om voor te gaan en te leiden

We leiden ons huishouden met een dienende houding. We leiden onze families met nederigheid en met een onderdanig hart, we staan open om te leren en te corrigeren. Als wij als mannen op deze manier leiden, dan zullen onze vrouwen en kinderen makkelijker volgen.

Leiden met een nederig hart en houding

Laat trots, arrogantie, zelfzucht of brutaalheid niet toe in je huis. Jij bent de 'deurwachter' en jij bepaalt wat er je huis in komt. Als jij handelt met trots en arrogantie, dan heb je de deur open gezet voor die geest om binnen te komen en opschudding in je familie te veroorzaken. Als je wilt dat je kinderen een nederig hart hebben, leid dan met nederigheid, onderdanigheid, liefde en respect. Leid door het tentoonspreiden van zelf controle en zelf discipline in je leven.

Jij bent het voorbeeldfiguur voor je kinderen om een dienstbare en eervolle houding aan te nemen tegen hun moeder. Kinderen worden meer beïnvloed door wat je doet, dan wat je zegt. Zij leren in het bijzonder het meest van wie jij bent door hoe je met je vrouw omgaat en hoe je met anderen in je omgeving praat. Hoe jij thuis leid is de grootste invloed die je kinderen zullen hebben.

Thuis is waar dienstbaarheid start, dus leid door te helpen in huis. Doe de afwas, maak het huis schoon, maai het gras en dien je vrouw en familie. Haal bij elke gelegenheid de kinderen erbij, maak er tijd samen van terwijl ze tegelijkertijd leren om de juiste houding aan te nemen. Wij zijn diegenen die geroepen zijn om te leiden. We kunnen niet op onze vrouwen wachten om te leiden of voor onze kinderen dat ze hun zelf de weg voor hun leven moeten vinden.

Wij moeten de richting aangeven en vasthouden voor onze families en ons laten leiden door de Heilige Geest. Laat me nog even stellen dat we de richting voor onze familie in overleg met onze vrouw bepalen. Dit gaat niet over een man die voorop gaat en 'zijn ding doet'. We lopen zij aan zij met onze vrouw en dus bespreken we zaken, "Wat denk je schat? Dit is wat ik denk dat God tegen me zegt over het veranderen van bepaalde dingen in onze familie. Hoe denk jij daarover?" Misschien moet je verhuizen, of een beslissing omtrent je kinderen nemen. Welk probleem ook opdoemt, praat met je vrouw, en als je er niet uitkomt, raadpleeg dan je pastoor of spiritueel leider die je respecteert zodat je Gods hart en wijsheid kunt ontvangen.

Leid dan in het stellen van prioriteiten

De dingen die we aandacht en tijd geven in ons gezin zullen uitmaken waar we zullen eindigen. Televisie is een voorbeeld van iets dat teveel tijd inneemt binnen onze gezinnen. De statistieken geven aan dat de tijd die onze kinderen elke week achter de televisie doorbrengen veel te hoog is. De waarheid is dat de mannen en vrouwen tegenwoordig de meeste tijd van huis zijn. Veel kinderen komen vroeg thuis van school en zetten de televisie aan. Wat zal hun moreel en waarden meer beïnvloeden? De vader die vijf minuten per dag met zijn kind door brengt, of zes uur voor de televisie? Geloof me, het komt dan hoofdzakelijk van de televisie. Ouders gaan zich dan afvragen waarom hun kinderen agressief, brutaal worden of zelfs seksuele spelletjes gaan spelen.

Dan rijst de vraag of moeders van jonge kinderen wel de hele dag moeten werken. Moederschap is één van de meest belangrijke rollen die een vrouw heeft. Persoonlijk geloof ik dat je God moet vertrouwen dat het financieel mogelijk is om je vrouw de hele dag thuis te laten tijdens de vormende jaren tijdens de ontwikkeling van je kinderen.

Ik herinner me dat ik op een avond televisie zat te kijken met mijn vijfjarige zoontje, die normaal om zeven uur naar bed ging. Er was geweld en er werd geschoten en de muziek was niet geweldig. Hij zei, "Papa, ik vind die muziek niet mooi, ik vind dit programma niet mooi." Ik zei:"Nee Brett, dit kun jij niet kijken. Ren snel naar je moeder en ga naar bed. Ik kom je zo instoppen als er een reclameblok is." Terwijl hij wegliep zei de Heilige Geest tegen mij:"Je hebt vanavond een grote fout gemaakt door je zoon te vertellen dat *jij* dit ongewenste programma wel mag zien maar *hij* niet!" Als mijn zoon niet naar dat programma mocht kijken, dan kon ik het ook niet kijken! Zoals ik al zei, kinderen leren meer van wat jij doet, dan van wat jij zegt dat zij niet mogen doen!

We besloten toen als familie dat als we naar de televisie keken, we dat samen zouden doen. Als we het niet samen konden kijken omdat het niet geschikt was voor de kinderen, dan was het ook niet geschikt voor ons. Weet je dat ons dat als familie heel veel gebracht heeft. Toen onze kinderen opgroeiden en Lindah en ik soms een avondje uitgingen, hoefden we onze kinderen nooit te vertellen welke programma's ze mochten kijken. Zij maakten een keuze die gebaseerd was op onze normen als er iets op kwam dat niet goed was, dan zetten zij hem uit. Zij hadden het van binnenuit geleerd, en dat was zeer dierbaar voor ons.

We moeten aandacht geven aan familie tijd; of het nu een gezamenlijk diner rond de tafel is, picknicken of je kinderen op avontuur nemen. We hebben een paar geweldige dingen gedaan samen zoals bergpaden bewandelen, rivieren afgaan en kamperen. Sommige van deze dingen waren uitdagend voor mij! Ik hou van alle comfort van thuis, niet van de harde grond op een camping! We hebben vele ongelooflijke tijden gehad samen als familie en dat nemen ze allemaal in hun herinnering mee.

Dit mag nogal controversieel zijn, maar ik geloof dat we onze waarden aangaande het gebruik van alcohol in ons huis moeten bekijken. Met het risico dat ik veel mensen van streek maak, wil ik het toch over dit onderwerp hebben. Veel mannen vragen,"Wat zegt de Bijbel over alcohol?" Er zijn een aantal goede Bijbelgedeelten over het misbruik van alcohol, maar mijn persoonlijke getuigenis is dat er een tijd in mijn leven was dat ik me realiseerde dat alcohol mij en mijn familie aan het vernietigen was. De Heilige Geest overtuigde mij dat ik moest stoppen. Wij besloten dat er geen alcohol meer in huis kwam. Overmatig alcohol gebruik veroorzaakt vernietiging in de wereld. Een groot percentage van alle huiselijke problemen, ongelukken op de weg, huwelijksproblemen en kindermisbruik kunnen, op enige manier, terug gevoerd worden op alcohol.

Jesaja 5:11 "Wee hen die al vroeg in de morgen sterke drank drinken en deelnemen aan drinkgelagen die tot diep in de nacht doorgaan." (Het Boek vertaling)

Jesaja 5:22 "Wee de 'helden van de wijn', die opscheppen over de hoeveelheid sterke drank die zij kunnen hebben."(Het Boek vertaling)

Het is tragisch als we de resultaten van alcohol misbruik in de samenleving bekijken. Ik was er diep van overtuigd dat ik een standpunt moest maken. Ik werd door mensen uitgedaagd om mijn kinderen te laten drinken. Drie drankjes is voor jou misschien geen probleem, maar we weten niet of één drankje teveel is voor onze zonen en dochters. Voor een alcoholist is één slokje al teveel! Ik kon die gok niet nemen met mijn kinderen. Ik werd bekritiseerd, maar het was nooit een kwestie van controle. Het was een keus die ik gemaakt had, en toen mijn kinderen volwassen werden, kozen ze ervoor hun leven te lijden zoals ik dat deed. Één man die me bekritiseerd had kwam jaren later bij me, toen zijn eerste kind zestien werd, en vertelde ons dat hij een serieus probleem had, want niet alleen zat zijn kind stevig aan de drank, maar ook aan de drugs. Mijn zonen hebben in het leger gezeten, ze zijn op aardig wat plekken in de wereld geweest en ze zijn niet vooringenomen. Zij besloten om op te staan tegen dat wat hun leven en families kon vernietigen. Ik voelde dat ik mijn eigen getuigenis en overtuiging op dit gebied moest delen. Ik dring er sterk op aan dat je God opzoekt voor jezelf en je familie.

Velen van jullie denken nu misschien,"Wow, man wat heb ik op veel gebieden veel gemist!" Ik wil tegen je zeggen dat God niet hier is om je te veroordelen. De sleutel is niet zozeer waar je nu bent, maar waar ben je over een jaar? Hoe staat het met je huwelijk en je kinderen over twee jaar? We moeten onszelf erop toeleggen om meer aandacht aan de hoogste prioriteiten binnen onze gezinnen te geven en zo nodig onze levensstijl erop aanpassen.

Neem alsjeblieft de tijd om de prioriteiten die je aan moet passen binnen je gezin op te schrijven.

Geroepen om onze families te beschermen en ze te voorzien

Ik wil me even richten op twee karaktertrekken van God die ons stabiliteit geven, gewetens rust en bescherming. In de Bijbel wordt God omschreven als een God van standvastige liefde en trouw, twee karakteristieken die ook in ons leven voor moeten komen. Standvastig betekend, zeker, stabiel, vertrouwend en consequent in liefde en emotie. Er is niets meer verontrustend voor een gezin dan een man die niet consequent is in zijn emotionele gedrag. We moeten consequent zijn in onze liefde en emotie, zorgen, toegenegenheid, zacht en beschermend zijn naar onze vrouwen en kinderen, zowel emotioneel, spiritueel en fysiek. Onze kinderen willen weten dat als ze naar ons toekomen geen harde, agressieve vader tegenkomen, maar meer een vader wiens liefde constant is. We moeten misschien corrigeren en disciplineren, maar ze zullen de standvastigheid en altijd aanwezige liefde niet in twijfel trekken.

We moeten ons spiegelen met het trouwe vaderhart van God, die zegt:*"Ik zal altijd voor u zorgen, Ik zal u nooit in de steek laten."(Hebreeën 13:5 Het Boek vertaling)* Gods belofte aan ons is dat hij zich aan ons gecommitteerd heeft. Hij is de sterke toren waar we op kunnen vertrouwen.

Er komen veel stellen bij ons met een gebroken huwelijk. De man verteld voortdurend dat hij het niet meer aan kan en dat hij uit het huwelijk stapt. Dit soort uitspraken is zo vernietigend. Een man verteld zijn familie niet dat hij weggaat en niet meer terug komt. Een man die gecommitteerd is blijft trouw en zegt:"Ik zal je ondersteuning zijn, je kunt op mij rekenen." Kinderen willen een vader waar ze van op aan kunnen, een vader die er voor ze is als ze opgroeien.

Kerst verhaal

Pasgeleden hoorde ik het verhaal van een jongen, ongeveer tien jaar oud, die in een kindertehuis was geplaatst, omdat zijn vader het gezin verlaten had en zijn moeder die naar de alcohol greep om ermee om te kunnen gaan niet meer voor hem kon zorgen. Nadat hij een jaar in het tehuis had gezeten was hij zo blij, omdat hij dacht dat hij Kerst in zijn eigen huis zou vieren. Zijn moeder kwam voor een gesprek met de leiders van het tehuis en haar werd verteld dat haar zoon het op school niet goed deed en sociaal ook moeilijkheden had. De jongen werd toen verteld:"Je mag met Kerst niet naar huis. Misschien als je het beter gaat doen, dat je volgend jaar Kerst naar huis mag."

Wat een tragedie om die jongen te vertellen dat hij niet naar huis mag. Een tienjarige kan de omstandigheden waardoor hij met Kerst niet naar huis mag, niet begrijpen. Hij wilde alleen bij zijn vader en moeder zijn. Hij had een vader nodig waar hij van op aan kon.

Deze situatie is totaal onacceptabel. Wij moeten opstaan en mannen worden. Onze families verdienen vaders die standvastig liefhebben en trouw zijn. We hoeven geen 'super papa's' te zijn, we hoeven niet de rijkste vaders te zijn, maar we kunnen trouw zijn en ze de liefde geven die ze nodig hebben.

Als mannen hebben we ook een bijzondere genade van God gekregen om te voorzien in de spirituele, emotionele en fysieke voeding die onze families nodig hebben. God is onze bron, wij zijn het kanaal waardoor God zijn zegen vrijzet over onze families. Vertrouw God voor de wijsheid, talenten en gaven die je dagelijks helpen. We moeten ons er ook op toeleggen dat wij onze vaardigheden voortdurend verbeteren en onszelf voortdurend ontwikkelen om te voorzien voor ons gezin. God beloond hard werk en trouw.

Onze kinderen disciplineren met eer

Één van de meest krachtige koninkrijksprincipes voor mij is te vinden in Johannes 17:22. *"Ik heb hun dezelfde eer gegeven als U Mij gegeven hebt, om hen zo één te laten zijn als U en Ik. 23Doordat Ik in hen ben en U in Mij bent, zullen zij een volmaakte eenheid zijn. Dan zal de wereld erkennen dat U Mij gestuurd hebt en dat U net zoveel van hen houdt als van Mij."* (Johannes 17:22-23)

Hier zien we het beeld van de Zoon, Jezus Christus, die de eer die Hij van Zijn Vader kreeg bevestigt en die eer doorgeeft aan hen die het willen ontvangen. Dit is een krachtig principe. De Vader eert de Zoon die op Zijn beurt de Vader tijdens zijn leven eert.

Door ervoor te kiezen om Zijn leven te geven als prijs voor de zonde, koos Jezus er eigenlijk in de eerste plaats voor om Zijn Vader te eren, en op de tweede plaats ons te eren. Zijn missie op aarde was om onze schaamte te weg te nemen, de schaamte die op de mensheid was gekomen doordat Adam en Eva God ongehoorzaam waren geweest en gezondigd hadden in de Tuin, en zo onze glorie en eer te hertstellen.

Als we ons leven aan Jezus geven, berouw hebben van onze zonden en Hem aannemen als onze Heer en Redder, dan zullen we vrij zijn van schaamte en in een eervolle positie bij de Vader hersteld worden. Discipelschap zal ons goddelijke karakter dan verder ontwikkelen en ons dichter in de intimiteit brengen bij de Vader.

Dit is dan onze plicht als mannen van eer: om onze kinderen dusdanig op te voeden waardoor ze de eer van God krijgen, om zichzelf te bevrijden van de ketenen van schaamte in deze wereld, en ze te laten leven in de openbaring en de kracht van eer. Dit kunnen we doen door goddelijke discipelschap, wat een goddelijke levensstijl inhoud en indien nodig, corrigeren en disciplineren betekend.

"Maar u hebt nog niet op leven en dood tegen de zonde gestreden. U bent zeker vergeten hoe God u als zijn kinderen moed gegeven heeft. Hij zei: 'Denk niet licht over de tucht van de Here, mijn zoon. Laat de moed niet zakken als de Here u terechtwijst. Want daaruit blijkt dat Hij van u houdt. Als Hij u slaat, blijkt dat u zijn zoon bent." (Hebr. 12:4-6) Helaas zijn veel kinderen gecorrigeerd op en niet goddelijke manier wat geresulteerd heeft in schaamte en gebroken relaties. Laten we nu een basis leggen hoe we als mannen van eer onze kinderen op kunnen voeden.

Corrigeren en disciplineren

Het nieuwe verbond principe van liefde, acceptatie, genade en vergeving, legt de focus op de waarde van intimiteit binnen een relatie. Op deze manier werkt God naar ons en dat moeten we ook aan onze kinderen doorgeven.

"In de liefde is geen plaats voor angst. Integendeel, de volmaakte liefde verdrijft de angst. Angst houdt altijd verband met straf. Wie nog angst kent, kent de volmaakte liefde nog niet." (1 Johannes 4:18) Ik geloof dat boosheid, intimidatie, angst, controle en straf altijd het vertrouwen en intimiteit schaden van een relatie en nooit in een goddelijk zelf bestuur zal resulteren.

We moeten onze kinderen opvoeden met een goddelijk moraal en hen helpen hoe ze hun innerlijk kunnen controleren op basis van eer, respect, integriteit, trouw en karakter. Dit doen we niet door angst en controle maar door ze hun de door God gegeven vrijheid van keuze en gevolg te laten begrijpen.

Kinderen moeten leren om verantwoordelijkheid af te leggen voor de keuzes die ze maken en de consequenties die dat met zich meebrengt. Ze moeten begrijpen dat verkeerde keuzes hen zelf kan schaden en de mensen die hun na staan, terwijl goddelijke keuzes resulteren in zegen, eer, respect en intimiteit. Onze rol is om ze te helpen hoe ze van onverantwoordelijke of egoïstische naar verantwoordelijke en onegoïstische keuzes en gedrag kunnen gaan. Al snel zal hun behoefte aan eer, respect en intimiteit sterker zijn dan de onverantwoordelijke en egoïstische keuzes.

We zijn geroepen om onze kinderen op een goddelijke manier te trainen door liefde en discipelschap. We moeten nooit onze eigen wil, frustratie, boosheid of stress op onze kinderen afgeven. *Disciplineren is NIET mishandelen of niet eren. Het is met liefde corrigeren en hen trainen en begeleiden naar goddelijkheid.*

Een aantal manieren om volwassenheid en goddelijk karakter te bereiken is door positieve bevestiging, beloning en een voorbeeldrol van vader en moeder, het trainen van gezonde redenering, begrip en ervaren van de consequenties van keuzes en ontwikkeling van verantwoordelijkheid.

Voordat we disciplineren en corrigeren moeten we eerst de emotionele staat van het kind bepalen. Is hij stout omdat hij hongerig is, moe, gefrustreerd of omdat hij onze aandacht nodig heeft? Misschien een vieze luier? Deze zaken moeten eerst aandacht krijgen. Misschien werkt een speelse afleiding waardoor de focus van de negatieve situatie afgaat en de situatie op die manier oplost. Ik heb ontdekt dat als je een gefrustreerd en zelfs huilend kind oppakt en hem meeneemt voor een wandeling in de tuin waar hij de bloemen, bomen en natuur ziet, het kind snel weer in een stabiele emotie komt.

Een effectieve manier om kinderen te helpen afkoelen en hun gedrag te overdenken is de "time-out" methode. Voor jongere kinderen kan dit inhouden dat ze op een vast plek in de buurt van het gezin moeten zitten. Als richtlijn kun je één minuut per levensjaar aanhouden. Voor de wat oudere kinderen kan het een korte tijd in hun kamer zijn, met de deur open. Dit moet wel gevolgd worden door een excuus en een herstel van de familiegeest.

Ik geloof niet in het opsluiten van kinderen in een kamer en ze te zeggen dat ze daar maar moeten blijven totdat ze weten hoe ze zich moeten gedragen ! Dat is mishandeling en onterend. Het Woord van God zegt dat als we zondigen en we onze zonden opbiechten bij God, Hij trouw en rechtvaardig is en ons vergeeft en ons van onze zonden bevrijd. Dat is het principe dat we als vaders onze kinderen moeten laten zien. Als het klaar is, is het klaar!

Dus corrigeer je kinderen, bid met hen, huil met hen en herstel ze binnen de eenheid van het gezin. We moeten onze kinderen leren hoe ze op een goddelijke manier met angst, frustratie en conflicten om kunnen gaan. Het doel is om ze te leren op hun geest af te gaan in plaats van hun emoties.

Je kind hoeft niet gedisciplineerd te worden als het per ongeluk een beeldje van tafel stoot en het valt kapot. Maar als je gezegd hebt:"Raak dat niet aan," of "Kom aan tafel als je geroepen wordt," en ze negeren je herhaaldelijk, dan is het vrijwillig ongehoorzaam zijn. Dat is wanneer we goddelijke correctie moeten geven.

Als je bovenstaande principes toegepast hebt in je ouderschap, kunnen er toch tijden zijn waarop continue ongehoorzaamheid en rebellie op een wat meer doortastende manier aangepakt moeten worden om je kind een innerlijke goddelijk bestuur te geven. Laten we eens kijken naar het onderwerp van de corrigerende tik.

Spreuken 22:15:" Onbezonnenheid is kenmerkend voor de jeugd, alleen straf kan iemand daarvan bevrijden" (Het Boek vertaling) Er is zeer veel controverse over dit onderwerp, teveel om in een paar regels op te lossen. Als dit echter je overtuigende methode is dan wil ik graag een paar richtlijnen voorstellen:

Persoonlijk geloof ik dat deze vorm van disciplineren met de grootse gevoeligheid en in zeer zeldzame gevallen toegepast kan worden als je kind een leeftijd heeft bereikt waarop het het verschil tussen goed en kwaad weet – we proberen ze te leren dat keuzes consequenties hebben. Om dit te realiseren en de mogelijkheid om hun eigen keuzes te bepalen helpt kinderen volwassen te worden. De mogelijkheid van de corrigerende tik zou genoeg moeten zijn voor de aandacht van je kind en zijn medewerking. Kinderen een keuze te geven in plaats van een bedreiging of ultimatum helpt het ontwikkelen van een wijze beslissing te kunnen nemen.

- Laat me *dit benadrukken; corrigeer je kind nooit als je kwaad bent.* Dit resulteert in schaamte, niet in eer.

- Stuur je kind naar een afgezonderde plek, bijvoorbeeld de badkamer. Doe het nooit publiekelijk of in het bijzijn van vrienden of familie. Dit zal leiden tot schaamte en schande.

- Neem de tijd om zelf tot rust te komen, bid en luister naar God over het onderwerp.

- Leg uit wat ze gedaan hebben zodat ze de gevolgen van hun acties begrijpen.

- Gebruik niet iets wat tot fysieke pijn kan leiden. Pijn geven is niet het doel. Elke vorm van fysiek disciplineren wat resulteert in bulten of blauwe plekken en mishandeling, onacceptabel en niet goddelijk. Het doel wordt niet bereikt door harde slagen. Het disciplineren is simpelweg bedoelt om de aandacht van je kind te krijgen en ze te laten begrijpen dat er consequenties zijn voor rebellie en moedwillige ongehoorzaamheid.

- Een andere optie is om je kind een klap met je hand op hun achterste te geven. Eenmaal moet genoeg zijn. Op deze manier ben je meer verbonden met hun gevoelens. Dit gezegd hebbende moeten we ons wel realiseren dat de hand liefde, medeleven en bescherming representeert. We willen dat onze kinderen weten dat ze altijd in onze armen kunnen rennen als ze een toevlucht, knuffel of acceptatie zoeken. Op deze manier laten we het hart van onze hemelse Vader zien.

- Sla je kind nooit op een ander deel van het lichaam, dit zorgt ervoor dat ze zich beschaamd, afgewezen en mishandeld voelen.

- Knuffel hen achteraf en verzeker ze ervan dat je van ze houd.

Het doel is om ze te trainen in een goddelijk karakter door gebruik te maken van keus en gevolg, onderlegd met genade, gratie, medeleven, vergeving en acceptatie en eer.

Laat me ook benadrukken dat schreeuwen, vloeken en voortdurende kritiek ondermijnend, vernederend en emotionele mishandeling is. Het resultaat is schaamte en een gewond hart en identiteit.

Ps. Ouders die elkaar op deze manier behandelen moeten niet verbaasd zijn als hun kinderen hetzelfde patroon gaan volgen. Je moet een goddelijk voorbeeld zijn dat ze kunnen volgen.

"Ouders, behandel uw kinderen zo dat zij niet dwars en haatdragend worden. Voed ze zo op dat ze de Here leren volgen en liefhebben." (Efeziërs 6:4)

Stadia van ontwikkeling

- Vanaf de geboorte tot ongeveer elf jaar geven we duidelijke en resolute instructies aan onze kinderen. Er zijn absolute dingen in huis, dingen die je wel en niet kunt doen. Kinderen moeten deze dingen gehoorzamen.

- Na het twaalfde levensjaar ga je over van training op coaching van je zoon of dochter, om je door God gegeven waarden te omarmen en hen te helpen om uit zichzelf dingen te doen en verantwoordelijkheid in hun leven te brengen. Het is het langzame, op een slimme manier loslaten van de grenzen naar de vrijheid van goddelijke volwassenheid.

- Gedurende deze tijd bouw je hun vertrouwen op door vriendschap, leuke activiteiten, sport en help ze de uitdagingen in hun leven te overwinnen. Op deze manier leer je hen zelfredzaamheid, je wint hun harten en bereid ze voor op het leven.

- 139 -

Tot slot, wanneer heb je voor het laatst je kind geprezen? Kinderen hebben acceptatie, begrip, tederheid en medeleven nodig, niet alleen discipline. Zeer veel vaders richten zich op de fouten die hun kinderen elke dag maken. Onze kinderen hebben het nodig om geprezen en aangemoedigd te worden door ons, en meer dan dat hebben ze onze zegen nodig.

We hebben een gedelegeerde autoriteit gekregen als vaders en echtegenoten om een zegen aan onze kinderen te geven en hun te sterken om hun door God gegeven doel te bereiken.

Ik bid dat je de genade krijgt om een vader te zijn die door zijn kinderen vertrouwd kan worden en in wie zijn kinderen zich verblijden. Een *Vader van Eer, die een voorbeeld van het Hart van God voor zijn kinderen is.*

Het is tijd om de vlag te hijsen

Persoonlijke reflectie

1. Bekijk de volgende sleutelgebieden van ons mandaat:

    - Algemene zegen van God geven

    - Leiden en richting geven

    - Beschermen en voorzien

    - Het trainen op een goddelijke manier

2. Ben jij een voorbeeld van een Man van Eer?Noem de gebieden op waar je mee worstelt en waar je moet veranderen. Begin bij het berouw tonen naar God en je kinderen.

3. Schrijf de gebieden op waarin het lukt.

4. Welke prioriteiten hebben aandacht nodig in het gezin? Maak een lijst en bespreek het met je vrouw.

Punten voor groepsdiscussie

1. De rol van dienend leiderschap in het gezin.

2. Prioriteiten stellen voor een gezin in een drukke wereld.

3. Manier om een 'zegen' te zijn en te geven aan onze gezinnen.

4. Manieren om plezier te hebben als een gezin.

5. Bid voor elkaar.

Hoofdstuk 10

Mannen met een andere geest

Numberi 13 en 14 zijn waarschijnlijk twee van de meest belangrijke, inspirerende en meest tragische boeken van de Bijbel. Mozes had de Israëlieten door de woestijn geleid met heel veel uitdagingen onderweg, meestal door de houding van de mensen. Nu komen ze bij de Jordaan en het Beloofde land ligt aan de overkant.

God verteld Mozes in *Numberi 13:2* om 12 mannen op pad te sturen, een leider van elke stam, om *het land dat Hij aan de kinderen van Israël zou geven* te spioneren. Let op de woorden *zou geven*. Het zegt niet dat Hij het misschien gaat geven, maar Hij had besloten om het te geven. Dit is zeer belangrijk voor dit verhaal, omdat we vaak de belofte van God voor ons leven niet kennen en zo makkelijk de mogelijkheid van God in twijfel trekken, wanhopen of neutraliseren.

De spionnen keren terug met een tros druiven zo groot, dat ze het op een stok tussen twee mannen moeten dragen. In vers *27* zeggen ze:" *'Wij kwamen in het land dat wij moesten verkennen. Het is inderdaad een land waar melk en honing vloeit, het is prachtig. Kijk maar eens naar dit fruit dat wij als bewijs hebben meegenomen"* Stel je deze scene eens voor, ze lachen en zijn in extase terwijl ze roepen:"Hey mannen, kijk nu eens, het is nog beter dan we ooit hadden durven dromen." Ze waren slaaf geweest in Egypte, hebben door de woestijn gezworven en nu zien ze het Beloofde Land en het is allemaal fruit en zegeningen.

Maar in *vers 28* schreeuwen ze niet "God heeft dit allemaal aan ons gegeven, " ze zeggen: *"Maar de mensen die daar wonen, zijn sterk en hun steden zijn goed versterkt en groot. We hebben zelfs reuzen, kinderen van Enak, gezien!"*. Dat is een grote MAAR, een woord dat twijfel brengt en tegenstrijdig aan de belofte van God. "Ja we hebben gehoord wat God gezegd heeft, maar heb je wel gezien hoe groot ze zijn?" We zien nu de interactie tussen twee groepen van mannen - de ene groep wordt gecontroleerd door schaamte en is oneervol naar God in hun twijfel en ongeloof, waar echter Jozua en Caleb reageren als mannen van eer. Zij vertrouwen in hun 'positie' in God en zijn klaar om 'de berg te veroveren', de vlag te hijsen en moreel hoge grond te maken. Laten we samen lezen vanaf vers 30.

Numberi 13:30 "Toen kwam het volk in opstand tegen Mozes. Maar Caleb trachtte het te kalmeren en zei: 'Laten wij nu meteen optrekken en het land in bezit nemen, want wij zijn sterk genoeg om het te veroveren!"

Ik weet zeker dat Caleb niet kon geloven wat hij hoorde, "Zeg mannen, herinneren jullie niet wat we zagen? Kijk naar de druiven, laten we meteen gaan. Zeur niet, we zijn goed in staat om het te veroveren." De woorden 'in staat' die hier gebruikt worden komen uit Strongs 3201 en betekenen de kracht en de capaciteit hebben om te overwinnen of succesvol te zijn.

Caleb had dezelfde reuzen in de versterkte steden gezien. *Geloof verloochent niet de moeilijkheden van de realiteit; het geeft de kracht van God weer om het probleem aan te gaan.* Het eert het feit dat God de wereld gemaakt heeft en nu in ons woont om Zijn Koninkrijk op aarde te maken. Mannen van Eer geloven God en zij beantwoorden Zijn roeping op hun leven. Helaas hadden de andere spionnen meer te zeggen.

Naast deze reuzen voelden en zagen ze zichzelf als sprinkhanen en omdat ze zichzelf als sprinkhanen zagen, dachten de mensen daar dat ze ook sprinkhanen waren. Probeer iemand maar eens een 'nutteloze sprinkhaan' te noemen en ik weet zeker dat je een grote mond terug krijgt of een tik op je hoofd. Maar zij noemden zichzelf sprinkhanen, zelfs na alles wat God voor hen gedaan had.

Wij kunnen dit met verbazing lezen maar trekken ook wij ons niet terug van mogelijkheden of uitdagingen omdat we denken dat we niet kunnen overwinnen en onbelangrijk zijn. Maak nu gelijk een lijst met mogelijkheden die op je pad zijn gekomen en de reden waarom je deze NIET omarmd hebt.

<u>Mogelijkheden:</u>   <u>Negatieve redenen:</u>

Zie je jezelf als zwak en niet in staat om te overwinnen om welke reden dan ook? Of geloof je dat in God, je in staat bent om ze te voltooien?

Jozua en Caleb scheuren hun kleren in wanhoop en spreken de mensen toe:

Numberi 14:6-9 "Twee van de spionnen, Jozua, de zoon van Nun, en Caleb, de zoon van Jefunne, begonnen hun kleren te scheuren en zeiden tegen het verzamelde volk: 'Het land dat voor ons ligt, is prachtig en de HERE is ons welgezind. Daarom zal Hij ons veilig dat land binnenbrengen en het ons geven. Het is erg vruchtbaar, een land dat overvloeit van melk en honing. Mensen, kom toch niet in opstand tegen de HERE! Wees niet bang voor de inwoners van dat land. Wij zullen hen overwinnen want zij zijn als brood voor ons. De HERE staat aan onze kant en beschermt hen niet langer! Daarom moeten wij niet bang voor hen zijn!"

"Luister mensen" vervolgden zij hun pleidooi,"de Heer heeft gezegd dat Hij jullie dit land zou geven, wees niet bang, en het belangrijkste van allemaal, laat ons niet in opstand komen tegen de Heer."

Romeinen 14:23b "Want alles wat niet uit overtuigd geloof gedaan wordt, is zonde!"(Het Boek vertaling) Als we angst, afgrijzen, onzekerheid of iets van dat toelaten om ons te weerhouden van het vertrouwen en gehoorzamen aan God, dan zijn wij in opstand tegen Hem, en dat is een zonde.

Het punt is, wat kiezen we om te zien en te geloven? Je kunt een huwelijksprobleem hebben of een verslaving. Het probleem lijkt heel groot, maar God zegt dat als wij ons aan Hem onderwerpen, Hij ons genade en de mogelijkheid geeft om eroverheen te komen. Hij wil je zegenen, daar is geen onduidelijkheid over, dus waarom vertrouw je niet op Hem en stapt je beloofde land in?

Helaas overtuigden de spionnen de mensen dat ze niet konden overwinnen, dus stapten ze terug in angst en rebelleerden tegen God:

Hebreeën 3:16-19 "En over welke mensen spreek ik hier? Wie kwamen, nadat zij God hadden horen spreken, tegen Hem in opstand? Dat waren de mensen die onder leiding van Mozes uit Egypte trokken.17 Wie werden door de toorn van God getroffen, al die veertig jaar? Dezelfde mensen die tegen Hem zondigden en daardoor in de woestijn moesten sterven.18 En tegen wie sprak God toen Hij onder ede verklaarde dat zij nooit de rust en vrede zouden krijgen die Hij zijn volk beloofd had? Natuurlijk tegen al die mensen die Hem ongehoorzaam waren.
19 En waarom konden zij die rust en vrede niet krijgen? Omdat zij Hem niet wilden vertrouwen. "(Het Boek vertaling)

Zij konden niet binnengaan vanwege hun ongeloof wat eigenlijk betekend,*zij vertrouwden God niet.*

Als we God niet vertrouwen neutraliseren wij Zijn kracht en genade om in ons leven te werken. We kennen Zijn hart en toch vertrouwen wij Hem niet. In feiten vertrouwen wij dan op onze angst, onzekerheid en schaamte. God was zeer boos op de Israëlieten en wilde hen wegvagen. Mozes bepleite onschuld voor hen bij God. God ging akkoord maar besloot dat niemand van hen het Beloofde Land in zouden gaan, behalve Jozua en Caleb.

*Numberi 14:24 "Mijn dienaar Kaleb is daarentegen **met een andere geest vervuld**. Hij heeft Mij trouw gehoorzaamd. Ik zal hem het land binnenbrengen dat hij als spion heeft gezien en zijn kinderen zullen hun erfdeel van het land krijgen."(Het Boek vertaling)*

God erkent dat Caleb een andere houding heeft: *hij ziet de grootsheid van God, niet de grootsheid van het probleem.* Hij vertrouwd volledig op de belofte en de kunde van God in hem, om hem te helpen overwinnen. Daarom zegt God dat Jozua en Caleb het Beloofde Land in mogen gaan en het erven.

Mannen van eer zijn mannen met een andere geest

Dat betekend niet dat ze een andere geest in de Heilige Geest hebben, maar een ander houding en buitengewoon verlangen om te geloven en vertrouwen in God. *Zij weten dat ze geroepen zijn en de verantwoordelijkheid hebben gekregen van God in het priesterschap van de geest, heerschap in het natuurlijke en om een krijger te zijn in het volbrengen van Gods koninkrijk op aarde.* Zij zijn toegewezen en gezalfd in de kracht en autoriteit van God en lopen toch met een nederig hart naar hen aan wie ze verantwoording afleggen. Ze hebben zichzelf betrouwbaar bewezen en loyale dienaren van de gaven en roeping van God op hun leven, terwijl ze het Lichaam van Christus dienen om de volheid van Christus en eenheid onder allen verspreiden, in de Geest.

Mannen van Eer vechten zij aan zij met hun broeders om God te eren en een morele hoge standaard in deze maatschappij te handhaven. Dit zal de 'Vlag van Eer' hijsen op elke bergtop van de maatschappij, elke onderneming van de mens, elke stam en natie. Zij houden de goddelijke standaard van het huwelijk en het gezin hoog als een samenhangende stof en zorgen zo voor voorziening, bescherming en zegening voor allen. Zij lopen in relationele liefde, acceptatie, genade en vergeving. Zij houden vast aan gerechtigheid, integriteit en wandelen nederig, dienend en in waarheid, in alle dingen. Er zijn beloofde landen voor jou en er is geen tijd meer om te spioneren. *Nu is de tijd om op te staan als Mannen van eer, in te schrijven in het leger van God en het land in te nemen.*

Psalm 45:3-5
U bent mooier dan welk mens ook
en wat u zegt is een lust voor het oor: het is duidelijk dat God u heeft
gezegend.
Gesp uw wapens aan, o held,
alles wat uw eer en waardigheid onderstreept.
Trek op en strijd voor eervolle zaken
als waarheid, recht en nederigheid. Wij verwachten grote daden van u!

Ik bid dat als je nu je hoofd buigt en Jezus aanneemt als Heer in jou leven, dat je een *'andere man'* zult worden als de Heilige Geest en zalft en bekrachtigt met *'die andere geest'* om een overwinnende man van eer te worden. God zegene jou

Voor Zijn Glorie,
Drummon Robinson

Het is tijd om de vlag te hijsen

Persoonlijke reflectie

1. Bekijk wat jou tegenhoud om de mogelijkheden die God je geeft te beantwoorden.

2. Toon berouw voor God als het angst, twijfel, afwijzing of andere vijanden zijn geweest die je uit je "Beloofde Land" hebben gehouden.

3. Bespreek de paragraaf met de titel "Mannen met een andere geest".

4. Als je je leven aan God geeft, vraag Hem om nieuwe lucht in je te blazen en je hart te veranderen.

Punten voor groepsdiscussie

1. Deel gebieden waarin je geworsteld hebt of zelfs gefaald hebt net als die spionnen. Bid voor elkaar en verplicht jezelf om die bergen zij aan zij te beklimmen en zo moreel hoger uit te komen.

2. Om een man van eer met een andere geest te zijn, moeten we Gods stem verstaan. Bespreek hoe je jezelf op dit gebied kunt ontwikkelen door:
   - Het Woord te lezen
   - Meditatie
   - Dagboek bijhouden
   - Stille tijd
   - Vasten
   - Bidden
   - Kameraadschap

3. Lees de Appendix. Bespreek hoe je een 'Regiment van Eer' in je eigen regio kunt beginnen. Plan een strategie om anderen uit te nodigen om zich aan te sluiten en stel vast in welke regio van je stad je begint een verschil te maken.

Bijlage 1
Convenant van Eer

Jezus Christus gaf Zijn leven om 'Zijn berg te veroveren en de vlag te planten' die de morele hoge waarden van gerechtigheid, waarheid en liefde voor de mens mogelijk maken. Zijn convenant met ons verruilt onze boeien van zonde en schaamte voor rechtvaardigheid en eer, en hersteld ons in het zoonschap met onze Vader.

Als je bereid bent, teken dan deze belofte in antwoord op de eer die Jezus Christus ons gaf, en verplicht jezelf om, met hulp van de Heilige Geest, te:

1. Leven als een Man van Eer in totale overgave aan Jezus Christus als Heer en Redder.

2. Vechten zij aan zij met je broeders om de berg in te nemen, de vlag te hijsen en moreel hogere waarden voor God en je familie te maken.

3. Eer het convenant van het huwelijk, geef je vrouw opofferende, onvoorwaardelijke liefde en creëer zo een sfeer van eer in je huis.

4. Eer je verantwoordelijkheid als vader bij het geven van de 'zegen' van God voor je kinderen, en leid hen met een nederig hart in standvastige liefde en trouw naar hun bestemming en doel.

5. Wandel in integriteit en waarheid als een rentmeester van het financiële vertrouwen dat God in je gesteld heeft.

6. Dien het doel van God, terwijl je gaat van succes, naar waarde, naar impact in de wereld.

7. Wees een man van 'een andere geest', beantwoord in geloof de roeping van God om een strijder te zijn die Gods koninkrijk hier op aarde brengt.

8. Eer stel de waarde vast, waardigheid in het leven van de mensen die je tegenkomt.

9. Eer de planeet die God ons toevertrouwd heeft door verantwoordelijk met haar bronnen om te gaan.

10.   Wandel 'waardig' naar de roeping die God op je leven heeft gelegd.

--   -----------------------

Handtekening   Datum

____

Getuige

Regimenten van Eer

Zoals ik in de introductie genoemd heb, bevestig ik vele mannen die moedig hun leven hebben gegeven om anderen te redden. Maar in de context van dit boek wil ik andere mannen uitlichten die in een positie van eer zijn gekomen door zich over te geven aan de relatie met Jezus Christus. Deze eer gaat niet over faam of privileges, maar over waardering en waarde. Nog belangrijker, het gaat over mannen die, door hun leven en gedrag heen, waarde gemaakt en uitgebreid hebben, waardigheid in het leven van de mensen met wie ze omgaan. Het is ze ook gegeven om goddelijke waarden vast te stellen en te beschermen en het moraal op alle gebieden van de samenleving. Hierin hebben zij een 'doel om voor te leven en te sterven' gevonden.

Ik heb een visie dat er "Mannen van Eer" groepen gevormd gaan worden, die opereren als Regimenten van Eer, waar mannen samenkomen, misschien eens per maand, niet alleen om kameraadschap te bouwen, maar om te kijken hoe ze het doen met het hijsen van de vlag van eer op verschillende gebieden in hun leven.

In het bijzonder hoe ze de morele hoge grond onderhouden op het gebied van:

- Morele waarden.
- Integriteit en waarheid.
- Eerlijkheid en trouw als het gaat om:
1. De persoonlijke wandel met de Heer in hun gedachten, woorden en acties.

2. Hun rol als echtgenoot

3. Hun rol als vader

4. Hun bedrijf, carrière of plaats van werk.

5. Hun functie binnen de kerk en verantwoordelijkheden.

Tijdens deze korte tijden samen kan men dingen bespreken waar men op dat moment mee zit, bijvoorbeeld:

- Keuzes die je moet maken of gemaakt hebt.
- Gevechten waar je voor staat mentaal en emotioneel.

Het is ook een mogelijkheid om bemoedigend en opbouwend met elkaar te praten en elkaar accountable houden. Dit betekend wederom, je vriend te helpen de top van de berg te bereiken.

Ik ben een Man van Eer website begonnen waar goed nieuws en getuigenissen neergezet kunnen worden als een aanmoediging naar anderen. Verschillende groepen kunnen gezocht worden op gebied op de website waar anderen ook kunnen reageren.
Zie www.menofhonor.co.za

Vlaggen

We hebben een desktop vlag ontwikkeld als herinnering voor jezelf om trouw te blijven aan je roeping. Misschien is het een punt van gesprek als je deze boodschap doorstuurt naar anderen. Bestel op onze wegsite of email info@menofhonor.co.za

Laat me je tenslotte deze tekst meegeven:

2 Timotheüs 2:1-4 "Mijn zoon, wees sterk door de genade die Christus Jezus je geeft!

Want je moet aan anderen doorgeven wat ik jou en vele anderen geleerd heb. Leer deze grote waarheden aan betrouwbare mannen, die ze op hun beurt weer aan anderen kunnen doorgeven. Neem, als een goed soldaat van Jezus Christus, je deel van het lijden op je, net als ik. Laat je als soldaat van Christus niet in beslag nemen door de zorgen van het leven, want dan zal degene die je in dienst heeft genomen, niet tevreden over je zijn." (Het Boek vertaling)

Wat je door dit boek heen van God gehoord hebt, vertrouw dat toe aan betrouwbare mannen die anderen er ook in willen onderwijzen.

Als je het gevoel hebt dat God je verteld om deze visie en onze gemeente op welke manier dan ook te steunen, bezoek dan onze website
www.familytransformation.org
Email ons op **info@familytransformation.org**

We zien er naar uit om van jullie te horen.

Bronnen van Family Transformation Ministries

Seminars op dvd

De volgende cursussen op dvd worden allemaal aangeboden met gebruikershandleiding en een gids voor leiders. Ze worden door veel kerken wereldwijd gebruikt en zijn een krachtig hulpmiddel bij het evangeliseren.

Het gezegende huwelijk

We willen allemaal een diepere intimiteit, vreugde en voldoening in ons huwelijk. Deze levensveranderende cursus zal een "nieuwe zegening" loslaten die huwlijken geneest, hersteld en opnieuw bekrachtigd. Deze cursus bekwaamd leiders en zal uren therapie schelen.

Houd de vlam gaande

Er zijn zeven ingrediënten die samen de liefde opbouwen, aanwakkeren en passie in het huwelijk brengen. Als er één ingrediënt ontbreekt kan dat een gebroken huwelijk opleveren. Deze dynamische, grappige en praktische lessen kunnen in zeven weken in een kleine groep gebruikt worden of als een eendaagse cursus.

Voor altijd samen

Deze cursus is erop gericht om verloofde stellen praktische en Bijbelse fundamenten mee te geven om een sterk en vervuld huwelijk te hebben. Het kan ook leiders helpen om stellen voor het huwelijk voor te bereiden.

Vrouwen van vrede

Dit is een veertien weken mentor programma voor vrouwen groepen en bevat dynamisch onderwijs, creatieve activiteiten en interactieve groepsparticipatie. Het is erop gericht om vrouwen "strijders voor vrede" te maken en geen "strijders in gebreken".

Gepositioneerd voor zegen

Deze cursus helpt om mensen vrij te zetten van schaamte, gebrokenheid, gebondenheid en burchten die men voor zichzelf gemaakt heeft, en te helpen om beschadigde familiebanden te herstellen. Het zet mensen in een zegen waardoor ze zelf een zegen voor anderen worden.

Boeken van Drummond en Lindah Robinson

Leven in Gods rivier van genade

Zeven geheimen om de vlam van liefde en romantiek in het huwelijk op te stoken.

Je huwelijk verbeteren (Lindah Robinson)

Mini boeken
Twee Koninkrijken
De opbrengst van eer
In je wonder leven

Om te bestellen:

Tel/fax +27(0)415818442
E-mail: info@familytransformation.org
 www.familytransformation.org

Andere aanbevolen boeken

Dobson, James C. *Bringing Up Boys*. Carol Stream, Ill.: Tyndale House Publishers, 2005.

Silk, Danny. *Loving Our Kids on Purpose: Making a Heart- to-Heart Connection*. Shippensburg,PA.: Destiny Image, 2008.

Aanbevelingen

Met dankbaarheid van het kantoor van de vicepresident en het ministerie van burgerzaken, Kenia gevangenis diensten:

Het beste wat een familie doet voor de samenleving is samenhang en een gevoel van ergens bijhoren geven aan hen die deel uitmaken van die familie. Door jullie inbreng in Nairobi Remand Prison, hebben jullie vele gevangenen hier dat gegeven waar ze zo naar verlangen, het gevoel om ergens bij te horen en geaccepteerd te worden.

Door jullie inbreng in verschillende programma's zijn de levens van zowel de leidinggevenden als ook van de gevangenen opgefrist en heeft het leven een nieuwe mening gekregen.

Wij bidden dat de geest van goede wil bij jullie zal blijven en dat onze Maker en Redder bij ons en vele anderen zal blijven.

Pauline W. Ngara OGW (ACP)
Officier van Dienst
Nairobi Rem./ALL Prison

Van het Ministerie van Interne Zaken en Coördinatie van de Nationale Regering, Kenia Gevangenis Dienst, voor wat betreft de programma's "Eervolle Mannen" en "Vrouwen van Vrede" en de invloed die deze gehad hebben op het proces in de gevangenissen van Kenia:

Het programma is in 2010 in de gevangenissen van Kenia geïntroduceerd en heeft sindsdien een grote impact op het leven van zowel het personeel als de gevangenen gehad.

Een groot aantal heeft Jezus Christus als hun persoonlijke Redder aangenomen, en de gevangenen die het programma gevolgd hebben, hebben zich kunnen verzoenen met hen die ze iets aangedaan hadden. Dit was echt een grote verandering in hun leven.

Veel huwelijken die op instorten stonden zijn gered toen individuen Christus omarmd hebben in hun dagelijkse waarden van het leven, vooral leden van de leiding. Gevangenen die de cursus gevolgd hebben, hebben een groter zelfvertrouwen gekregen en zichzelf geaccepteerd en men is zich gaan realiseren dat het gevangen zitten niet het einde van dit leven betekend.

Meer dan vierduizend mensen hebben het programma gevolgd.

R.N. Moturi, MBS
Gedeputeerde Commissaris van het Gevangeniswezen.

"Dit is een mooi en uitdagend boek om te lezen. Dit is wat onze natie nodig heeft in deze tijden om een heldere en veilige toekomst te brengen. Vrouwen en kinderen roepen erom."

Ps. Chris Matebula – Hope Restoration Ministries

" Ik ken Drummond al 50 jaar en ik kan instaan voor zijn integriteit en passie om zijn vrouw te eren, zijn familie en de mensen rondom hem. Ik heb bedrijven geleid van duizenden werknemers en ik weet welke impact het voor bedrijven en de gemeenschap kan hebben als mensen zouden leven naar de code van eer die in dit boek beschreven staat."

Terry Rosenberg- Voorzitter Oakbrook Investments

"Sommige mensen inspireren anderen om het beter te doen, Drummond is zo iemand. Ik kan dit boek vol vertrouwen aanbevelen omdat ik uit eigen ervaring weet dat Drummond een kampioen is in deze zaak. Het zal je uitdagen, inspireren en uitrusten."

Howard Johnston – archtect